대학불어작문

Composition Française Fondamentale

김영호 · 전경준 공서

신아사

서 문

불어작문은 목적에 따라 여러 가지 접근 방법이 있을 수 있다. 우선 머리 속에 가지고 있는 생각을 직접 불어로 적절하게 표현하는 것을 익히기 위한 접근 방법과 이미 우리말로 되어 있는 내용을 불어로 옮기는 훈련으로 크게 나누어 생각해 볼 수 있을 것이다. 그리고 불어로 표현하는 것을 익히는데 있어서도 주어진 주제에 따라 그 주제에 대한 내용을 적절히 전개해 나가는 여러 가지 표현 방식을 공부할 수도 있을 것이고, 하나의 주제에 나타날 수 있는 여러 어휘들을 중심으로 그 어휘의 적절한 사용을 조금씩 익혀 볼 수도 있다. 그러나 이 모든 것은 우선 불어의 기본적인 구문에 대한 이해 없이 접근하기란 어려울 것이다. 더구나 불어를 처음으로 공부하는 사람이 우리말로 유창하게 표현된 내용을 불어로 옮긴다든지, 세련된 표현을 구사하는 방법을 배운다는 것을 어려울 뿐만 아니라 다소 성급한 느낌이든다. 따라서 불어와 불어 작문을 처음으로 공부하려는 사람에게 우선 필요한 것이 무엇인가를 심사숙고한 결과 주어진 우리말을 불어로 번역하든지 혹은 일정한 생각을 직접 불어로 표현하든지간에 우선 불어의 기본적인 여러 형태의 구문에 대한 이해가 선행되어야 하고 그렇게 함으로써 이러한 구문을 활용할 수 있는 능력을 갖추어져야만 비로소 하고자 하는 내용에 대한 올바른 작문에 이를 수 있을 것이라고 결론 내리게 되었다. 이러한 생각을 바탕으로 이 책에서는 '기본 불어(français fondamental)'에 들어있는 동사들을 토대로 그러한 동사들이 만들어낼 수 있는 구문을 중심으로 한 작문에 역점을 누었다.

이 책의 전개 방식은 우선 간단한 구문에서 점차 복잡한 구문 순으로 단계적으로 여러 구문들이 제시되어 있으며, 또한 작문을 공부하는 사람은 불어 문법도 따로 공부하고 있을 것이므로 문법 학습의 진행을 고려하여 처음에는 단순한 문법사항을 그리고 점차 복합적인 사항을 고려하여 작문하도록 점진적인 전개 방식을 취했다. 다른 한편으로 불어 사용 생활에 직접 활용할 수 있도록 각 단원별로 특정 주제에 연관되는 어휘들을 제시하였으며, 예문 및 연습문제는 구어체와 문어체를 고루 배합하였다. 그리고 특히 연습문제는 되도록이면 '기본 불어' 목록에 포함되는 어휘를 활용할 수 있게 하도록 노력하였다.

끝으로 이 책을 쓰는데 있어서 가장 많은 도움을 주었던 책은 Pierre le Goffic과 Nicole Combe McBride의 *Les constructions fondamentales du français* (1975, Hachette)임을 밝혀둔다.

1995년 월

김 영 호

전 경 준

목 차 (Table des matières)

제 1 부: 문 형

제 2 부 : 표 현

부 록

제 1 과 Pierre est étudiant

문형 1 주어 + 계사 + 속사

• 불어 작문에 있어서 첫번째 익혀야 할 기본적인 문장 형태는《주어+계사+속사(sujet+copule+attribut)》이다. 계사로 사용되는 가장 중요한 동사는 être동사이며, 그 외에도 devenir, paraître, rester, sembler, tomber 등의 동사가 있다.

Pierre *est* étudiant. (삐에르는 학생입니다.)

Mon frère *reste* sage. (내 동생은 얌전히 있다.)

Marie *devient* de plus en plus jolie. (마리는 점점 더 예뻐진다.)

• 일반적으로 주어가 될 수 있는 요소는,

(1) 고유명사 : Pierre, Marie, Monsieur Dupont, Madame Legrand, etc.

(2) 주어인칭대명사 : je, tu, il, elle, nous, vous, ils, elles, on

(3) 관사, 지시형용사, 소유형용사와 함께 쓰이는 명사와 수식어와 함께 쓰이는 명사구 : un enfant, l'enfant, cet enfant, mon enfant, Le chat de mon voisin 등이다.

• 본 문형에서 속사(attribut)로 사용되는 요소는 명사나 형용사이다.

Il est *professeur*. (그는 선생입니다.)

Le paysage est *beau*. (경치가 아름답습니다.)

❖ **Remarque** 속사로 사용되는 명사가 특정 인물이 아니라 주어의 속성으로 간주되는 직업, 신분, 국적 등을 나타낼 때는 관사를 생략하고 쓴다. 단 수식어(de로 이끌어지는 형용사구 따위)와 함께 쓰인 명사 앞에는 관사가 붙는다.

Paul est français. (폴은 프랑스인이다.)

Je suis journaliste. (저는 기자입니다.)

M. Martin est directeur. (마르탱씨는 부장입니다.)

cf. M. Martin est le directeur de cette société.

(마르탱씨는 그 회사의 부장님입니다.)

어휘 1 직업, 신분

가수 : chanteur (chanteuse)
간호원 : infirmier (infirmière)
감독(영화, 연극 등) : metteur(*m*) en scène, réalisateur (réalisatrice)
건축가 : architecte
공무원 : fonctionnaire
국회의원 : député (*m*)
군인 : militaire (*m*)
기자 : journaliste
노동자 : ouvrier (ouvrière)
농부 : paysan (paysanne)
배우 : acteur (actrice)
변호사 : avocat (avocate)
부장 : directeur (directrice)
비서 : secrétaire
사장 : patron (patronne), président-directeur général (PDG) (*m*)
사회자 : animateur (animatrice)
선생 / 교수 : professeur (*m*)
수위 : gardien (gardienne), concierge
아나운서 : présentateur (présentatrice)
예술가 : artiste
요리사 : cuisinier (cuisinière)
우체부 : facteur (*m*)
운전사 : chauffeur (chauffeuse) 〈자가용인 경우 conducteur〉
음악가 : musicien (musicienne)
이발사 / 미용사 : coiffeur (coiffeuse)
의사 : médecin (*m*)
작가 : écrivain
타이피스트 : dactylo
판매원 : vendeur (vendeuse)
편집부장 : rédacteur en chef (*m*)
학생 : étudiant (étudiante)(대학생), élève (초중고생)
화가 : peintre
회사원 : employé, (employée)

❖ 연 습 문 제

1. 피에르는 학생이다.
2. 나는 가수입니다.
3. 이 사람은 선생님이 아닙니다.
4. 당신은 음악가입니까?
5. 피에르의 여동생은 친절하니?
6. 김 선생님은 의사입니다.
7. 당신이 홍길동씨입니까?
8. 마리는 프랑스인이다.
9. 저는 한국인입니다.
10. 뒤퐁 부인은 비서입니다.
11. 피에르는 마리의 오빠입니다.
12. 너는 오늘 한가하니?
13. 이 이야기는 매우 슬픈 것 같습니다.
14. 니꼴라는 나의 죽마지우입니다. (죽마지우 ami d'enfance)
15. 그 여가수는 금발의 키가 크고 날씬한 여자입니다.
16. 그 의사는 키가 작고 뚱뚱한 노신사입니다.
17. 쏘피는 금발에다가 아름답고 호의적입니다.
18. 내 남동생은 얌전히 있습니다.
19. 그는 생각에 잠겨 있습니다. (잠겨 있다. demeurer)
20. 하늘이 점점 더 어두워집니다.

Nom : ____________________

Numéro : ____________________

EXERCICES 1

1. ____________________
2. ____________________
3. ____________________
4. ____________________
5. ____________________
6. ____________________
7. ____________________
8. ____________________
9. ____________________
10. ____________________
11. ____________________
12. ____________________
13. ____________________
14. ____________________

절 취 선

15. ____________________

16. ____________________

17. ____________________

18. ____________________

19. ____________________

20. ____________________

제 2 과 Pierre dort

문형 2 | 주어 + 동사

• 두번째로 살펴볼 문장 형태는 《주어 + 동사(sujet + verbe)》이다. 이러한 문형에 사용되는 동사는 사전에서 자동사(verbe intransitif)로 표시되어 있는 동사들이다. 상기의 문형에 사용될 수 있는 동사들의 구체적인 예를 들면, aller, s'en aller, arriver, chanter, courir, descendre, entrer, monter, partir, passer, retourner, revenir, sortir, venir, marcher, tomber, voler, voyager, vivre, naître, mourir, grandir, déjeuner, dîner, dormir, pleurer, travailler 등이 있다.

Le train *arrive.* (기차가 도착한다.)
Pierre *court.* (피에르가 뛰어간다.)
Il *marche* très vite. (그는 매우 빨리 걷는다.)
Marie *pleure.* (마리가 운다.)
Monsieur Legrand *voyage* beaucoup. (르그랑씨는 여행을 많이 합니다.)

❖ **Remarque** aller, s'en aller는 둘 다 '가다'의 뜻을 갖는 자동사이나 aller는 불완전 자동사로서 반드시 목적보어와 함께 사용한다.

Il va à l'école. (à 이하의 목적보어가 필수) 그는 학교에 간다.
Il s'en va. (목적보어 없이 문장이 성립) 그는 간다.

• 실제로 불어에서 흔히 사용되는 문장은 기본 문형에 반드시 필요한 요소들만 있는 것은 아니다. 기본 문형이 줄기라면 이것을 중심으로 가지에 비유해 볼 수 있는 수의적인 요소가 덧붙여질 수 있다. 이처럼 기본 요소에 다른 요소들이 덧붙여져서 기본 요소들을 수식할 수 있다.

• 주어를 구성하는 명사는 다른 요소에 의해 수식/한정될 수 있는데 이처럼 주어를 수식/한정하는 주된 요소는 형용사와 《전치사 de + 명사》이다.

(1) 형용사

L'oiseau chante. (새가 노래한다.)

Le *petit* oiseau chante. (작은 새가 노래한다.)

Le *petit* oiseau *bleu* chante. (작은 파란 새가 노래한다.)

❖ **Remarque** 불어의 형용사는 일반적으로 명사의 뒤 쪽에서 명사를 수식한다. 그러나 일부 형용사는 명사 앞에서 위치한다. 명사 앞에 놓이는 형용사는 grand, petit, bon, mauvais, joli, beau, vieux 등이다.

또한 어떤 형용사들은 명사 앞이나 뒤에 놓임에 따라 그 뜻을 달리하는 것들이 있다.

{ un grand homme (위대한 사람)
  un homme grand (키 큰 사람)

{ un vieil ami (옛친구)
  un ami vieux (늙은 친구)

{ un ancien hôtel (과거에 호텔이었던 건물)
  un hôtel ancien (오래된 호텔)

{ un seul enfant (외동)
  un enfant seul (혼자 있는 아이)

{ un pauvre homme (가엾은 사람)
  un homme pauvre (가난한 사람)

{ la dernière année (마지막 해)
  l'année dernière (작년)

{ un brave homme (친절한 사람)
  un homme brave (용감한 사람)

(2) 「전치사 de + 명사」

Le chat court. (고양이가 뛰어간다.)

Le chat *de mon voisin court.* (내 이웃집 사람의 고양이가 뛰어간다.)

Le chat *du fils de mon voisin* court.

(내 이웃집 사람의 아들의 고양이가 뛰어간다.)

• 동사도 다른 요소에 의해 그 의미가 보충될 수 있는데 그중 가장 주된 방법은 부사에 의한 수식과 장소를 나타내는 보어에 의한 의미 보충이 있다.

(1) 동사를 수식하는 부사 :

L'oiseau chante. (새가 노래한다.)

L'oiseau chante *bien.* (새가 노래를 잘 한다.)

(2) 장소를 나타내는 보어 (장소 전치사 + 명사) :

Le train arrive. (기차가 도착한다.)

Le train arrive *en gare.* (기차가 역에 도착한다.)

한편 모든 문형들은 또한 부정문과 의문문으로 변형될 수 있다.

(1) 부정문 : Pierre va à l'école. → Pierre ne va pas à l'école.
(피에르는 학교에 간다.) (피에르는 학교에 가지 않는다.)

(2) 의문문 : ① Marie dort dans sa chambre. (마리는 자기 방에서 잔다.)
→ Marie dort dans sa chambre ? (마리가 자기 방에서 잡니까 ?)
Est-ce que Marie dort dans sa chambre ?
Marie dort-elle dans sa chambre ?
② Vous partez aujourd'hui. (당신은 오늘 떠나십니다.)
→ Partez-vous aujourd'hui ? (당신은 오늘 떠나십니까 ?)

어휘 2 숫 자

* ( ) 속은 서수임.

1 : un (premier)
2 : deux (deuxième, seconde)
3 : trois (troisième)
4 : quatre (quatrième)
5 : cinq (cinquième)
6 : six (sixième)
7 : sept (septième)
8 : huit (huitième)
9 : neuf (neuvième)
10 : dix (dixième)
11 : onze (onzième)
12 : douze (douzième)
13 : treize (treizième)
14 : quatorze (quatorzième)
15 : quinze (quinzième)
16 : seize (seizième)
17 : dix-sept (dix-septième)
18 : dix-huit (dix-huitième)
19 : dix-neuf (dix-neuvième)
20 : vingt (vingtième)
21 : vingt et un (vingt et unième)
22 : vingt-deux (vingt-deuxième)
30 : trente (trentième)
31 : trente et un (trente et unième)
32 : trente-deux (trente-deuxième)
40 : quarante (quarantième)
50 : cinquante (cinquantième)
60 : soixante (soixantième)

70 : soixante-dix (soixante-dixième)

71 : soxante et onze (soixante et onxième)

72 : soixante-douze (soixante-douzième)

80 : quatre-vingts (quatre-vingtième)

81 : quatre-vingt-un (quatre-vingt-unième)

90 : quatre-vingt-dix (quatre-vingt-dixième)

91 : quatre-vingt-onze (quatre-vingt-onzième)

100 : cent (centième)

101 : cent un (cent unième)

천 : mille (millième)

(* 연도를 표시할 때는 mil을 사용)

만 : dix mille

십만 : cent mille

백만 : million (millionième)

십억 : milliard (millardième)

❖ **Remarque** un부터 mille까지는 수형용사이다. 따라서 명사가 뒤에 직접 붙는다. 하지만 million부터 그 이상은 수명사이기 때문에 de를 앞세운 명사가 뒤에 붙는다(six millions d'habitants 육백만의 주민).

❖ 연습문제

1. 내 친구의 개가 짖는다. (개가 짖다 aboyer)
2. 눈이 내립니다.
3. 지구는 태양 주위를 돌고 달은 지구 주의를 돈다.
4. 별들이 빛난다.
5. 우리는 사무실에서 일합니다.
6. 그 여기자는 25번지에서 삽니다.
7. 학생들이 학교에서 나온다.
8. 피에르와 마리가 집으로 돌아갑니다.
9. 우리 불어 선생님은 말을 아주 빨리 하십니다.
10. 김씨의 여동생은 춤을 아주 잘 춥니다.
11. 박양은 오늘 파리로 떠납니다.
12. 그 소년의 아버지는 프랑스에서 일하고 있습니다.
13. 그 건물의 수위는 계단으로 3층에 올라갑니다.
14. 국회의원들이 국회 의사당에 도착합니다.
15. 우체부가 다리를 건너갑니다.
16. 정원사가 사다리를 놓고 나무에 올라갑니다.
17. 소음이 점점 더 커집니다.
18. 그 의사는 식당에서 점심을 먹습니다.
19. 당신은 자동차로 여행합니까?
20. 날씨가 춥기 때문에 얼음이 녹지 않습니다.

Nom : ____________________

Numéro : ____________________

EXERCICES 2

1. ____________________
2. ____________________
3. ____________________
4. ____________________
5. ____________________
6. ____________________
7. ____________________
8. ____________________
9. ____________________
10. ____________________
11. ____________________
12. ____________________
13. ____________________
14. ____________________

절 취 선

15. ______________________________

16. ______________________________

17. ______________________________

18. ______________________________

19. ______________________________

20. ______________________________

제 3 과 Pierre aime Marie

문형 3 | 주어 + 동사 + 직접목적보어

• 이번 과에서 살펴볼 문형은 《주어+동사+직접목적보어(sujet+verbe+complément d'objet direct)》의 형태이다. 본 문형에 사용되는 동사는 사전에 타동사(verbes transitifs)로 표시되어 있는 동사들이다.

Pierre *aime* Marie. (피에르는 마리를 사랑합니다.)

Marie *a* un frère. (마리는 남자 형제가 하나 있습니다.)

• 직접목적보어는 전치사를 매개로 하지 않고 동사 뒤에 직접 놓이는 목적어를 의미한다. 이는 우리말의 《…을/를》에 해당한다. 직접목적보어로 사용되는 요소는 주어의 경우와 마찬가지로 직접목적보어 인칭대명사(pronoms personnels objet direct), 고유명사, 관사, 소유형용사 등의 한정사를 동반한 일반명사 등이다.

Pierre aime *le* café. (피에르는 커피를 좋아한다.)

Marie *le* regarde, son fils. (마리는 그의 아들을 쳐다본다.)

Je cherche *Monsieur Martin*. (저는 마르탱씨를 찾고 있습니다.)

❖ **Remarque** (1) 부정문에서 부정관사나 부분관사는 de로 바뀐다.

① J'ai un frère. (나는 남자 형제가 한 명 있습니다.)

→ Je n'ai pas *de* frère. (나는 남자 형제가 없습니다.)

② J'ai des livres. (나는 책을 가지고 있습니다.)

→ Je n'ai pas *de* livres. (나는 책이 없습니다.)

③ Pierre boit de la bière. (피에르는 맥주를 마십니다.)

→ Pierre ne boit pas *de* bière. (피에르는 맥주를 마시지 않습니다.)

de 다음에 오는 명사의 수는 보통 그 명사가 갖는 뜻에 따라 좌우된다.

Je n'ai pas de *femme*. (나는 아내가 없습니다.)

(2) 대명사가 직접목적보어가 될 때는 직접목적보어 인칭대명사가 쓰이며 그 위치는 일반명사나 고유명사와는 달리 동사 바로 앞에 놓인다.

Pierre aime Marie. (피에르는 마리를 사랑한다.)
Pierre *l'*aime. (피에르는 그녀를 사랑한다.)
L'étudiant rend les livres. (그 학생이 책을 돌려준다.)
L'étudiant *les* rend. (그 학생이 그것들을 돌려준다.)

• 명사의 수식 : 문형이 무엇이든간에 문장에 사용되는 명사는 일반적으로 한정사(déterminant)와 함께 쓰여야 한다. 다른 한편으로 명사가 문장에 사용되는 데에 필수적인 요소는 아니지만 명사에 붙어서 명사를 수식하는 요소들이 있는데 형용사, 전치사구(즉 전치사 + 명사) 등이 그것이다.

❖ **Remarque** 여기서 말하는 한정사란 명사가 문장에 사용될 때 명사 앞에 나타나는 관사, 소유형용사 및 지시형용사 등을 말한다.

(1) 형용사 : l'oiseau (새) → *le petit* oiseau *bleu* (작은 파란 새)

(2) 전치사구 : le livre (책) → le livre *de Pierre* (피에르의 책)
le livre *pour les enfants* (어린이를 위한 책)
le train (기차) → le train *pour Paris* (파리행 기차)

• 동사 또는 문장의 의미 보충 : 그 문형이 어떤 것이든 그 문장이 의미하는 내용이 언제 행해지는지를 나타내기 위해 시간을 나타내는 상황보어가 덧붙여질 수 있다.

Il vient *aujourd'hui.* (그는 오늘 온다.)
Marie arrive à la faculté *à huit heures.* (마리는 8시에 학교에 도착한다.)
Sa mère est très heureuse *ce soir.*
(그의 어머니는 오늘 저녁 매우 행복합니다.)
Pierre ne regarde pas la télévision *cet après-midi.*
(피에르는 오늘 오후 텔레비전을 보지 않습니다.)

어휘 3 요일, 달, 계절, 해

하루 : un jour, une journée
일주일 : une semaine
한달 : un mois
일년 : un an, une année
월요일 : lundi
화요일 : mardi
수요일 : mercredi
목요일 : jeudi
금요일 : vendredi
토요일 : samedi
일요일 : dimanche
1 월 : janvier
2 월 : février
3 월 : mars
4 월 : avril
5 월 : mai
6 월 : juin
7 월 : juillet
8 월 : août
9 월 : septembre
10 월 : octobre
11 월 : novembre
12 월 : décembre
봄 : printemps
여름 : été
가을 : automne
겨울 : hiver
어제 : hier
오늘 : aujourd'hui
내일 : demain
지난주 : la semaine dernière
금주 : cette semaine
내주 : la semaine prochaine
작년 : l'année dernière. l'an dernier
올해 : cette année
내년 : l'année prochaine

❖ 연습문제

1. 피에르는 자기의 양말을 찾고 있습니다.
2. 마리는 예쁜 원피스를 입습니다.
3. 김선생님은 영화관 앞에서 학생들을 만납니다.
4. 나는 매일 아침 9시에 장을 봅니다.
5. 오늘 저녁 그의 남편은 신문을 읽지 않을 것입니다.
6. 마리는 사촌 형제가 몇 명입니까?
7. 당신은 오후 다섯시에 집으로 돌아가려고 지하철을 탑니다.
8. 마리의 어머니는 어디에서 아침식사를 하십니까?
9. 피에르는 내일 백화점에서 아주 예쁜 넥타이를 하나 살 것입니다.
10. 그 여자들은 옷가게를 들여다보고 있습니다.
11. 아침 7시에 너는 무엇을 하니?
12. 마리는 매일 아침 8시에 그녀의 집에서 출발한다.
13. 피에르는 매주 토요일 마리와 외출한다.
14. 나는 일요일에는 10시에 일어납니다.
15. 당신은 아침에 무엇을 먹습니까? 저는 커피를 한 잔 마십니다.
16. 아침식사 후 나는 내 친구와 약속이 있습니다.
    (약속이 있다. avoir rendez-vous avec)
17. 텔레비전를 켜라.
18. 경찰은 그 도둑들을 곧 체포할 것입니다.
19. 피에르는 그의 과자를 동생과 나누어 먹습니다.
20. 마리는 여름방학을 시골에서 보낼 것입니다.
21. 올 여름 우리는 바닷가에 갈 것입니다.
22. 가을에는 누런 잎사귀들이 땅에 떨어집니다.

Nom : ____________________

Numéro : ____________________

EXERCICES 3

1. ______________________________

2. ______________________________

3. ______________________________

4. ______________________________

5. ______________________________

6. ______________________________

7. ______________________________

8. ______________________________

9. ______________________________

10. ______________________________

11. ______________________________

12. ______________________________

13. ______________________________

14. ______________________________

절 취 선

15. ______________________________

16. ______________________________

17. ______________________________

18. ______________________________

19. ______________________________

20. ______________________________

21. ______________________________

22. ______________________________

제 4 과 Pierre sourit à Marie

문형 4 | **주어 + 동사 + 간접목적보어**

• 네번째로 살펴볼 문장 형태는 《주어 + 동사 + 간접목적보어(sujet + verbe + complément d'objet indirect)》이다. 본 문형에 사용되는 동사는 간접목적보어의 형태에 따라 전치사 à와 함께 쓰이는 동사와 전치사 de와 함께 사용되는 동사로 크게 두 유형으로 나누어 볼 수 있다. 전치사 à를 동반하는 동사에는 mentir, sourir, plaire, ressembler, s'intéresser, penser, songer, tenir, parler, pardonner, écrire, répondre, téléphoner 등이 있고, 전치사 de를 동반하는 동사에는 s'apercevoir, se rendre compte, s'occuper, se moquer, décider, discuter, rire, changer, manquer, se tromper, se servir, parler, se plaindre 등이 있다.

Pierre *sourit à* Marie. (피에르가 마리에게 미소짓는다.)

Pierre *se moque de* Marie. (피에르가 마리를 비웃는다.)

• 이미 짐작하듯이 간접목적보어는 직접목적보어와는 달리 전치사와 함께 사용된다. 이때 주로 사용되는 전치사는 à와 de이다. 그러나 다른 전치사와 함께 사용되는 경우도 가끔 있다.

Pierre *compte sur* son père. (피에르는 그의 아버지를 믿는다.)

또한 간접목적어가 두 개가 동시에 사용되는 경우도 있다.

Pierre parle *de son amie* à *Jean.*

(피에르는 장에게 자기 여자친구에 대해 말한다.)

Cela ne *me* sert *à* rien. (그것은 나에게 아무 쓸모가 없다.)

• 상기 문형에 사용되는 동사들 가운데는 간접목적보어가 필수적인 동사도 있고 또 이와는 달리 간접목적보어를 동반하지 않고 자동사로 쓰일 수 있는 동사도 있다.

Marie *ressemble à* sa mère. (마리는 어머니를 닮았다.)

(*cf.* *Marie ressemble. 는 문장이 성립되지 않는다.)
Pierre sourit. (피에르가 미소를 짓는다.)
Pierre sourit à Marie. (피에르가 마리에게 미소를 짓는다.)

이 문형의 간접목적어를 대명사로 바꿀 때는 여러가지 형태가 있으므로 주의해야 한다.

Pierre ment à *sa soeur*. (피에르는 그의 여동생에게 거짓말한다.)
Pierre *lui* ment. (피에르는 그녀에게 거짓말한다.)

Pierre pense à *sa mère*. (피에르는 그의 어머니를 생각한다.)
Pierre pense *à elle*. (피에르는 그녀를 생각한다.)

Pierre pense à *sa patrie*. (피에르는 조국을 생각한다.)
Pierre *y* pense. (피에르는 그것을 생각한다.)

Pierre se moque *de Marie*. (피에르는 마리를 비웃는다.)
Pierre se moque *d'elle*. (피에르는 그녀를 비웃는다.)

Nous avons beaucoup discuté *de ce film*.
(우리는 이 영화에 대해 토론을 많이 했다.)
Nous *en* avons beaucoup discuté. (우리는 그것에 대해 토론을 많이 했다.)

어휘 4 장소표현

…에 : à, en
…에서 : de
안에 : dans, en
위에 : sur, au-dessus (de)
아래에 : sous, au-dessous (de)
앞에 : devant
뒤에 : derrière
가운데에 : au milieu (de)
왼쪽에 : à gauche (de)
오른쪽에 : à droite (de)
땅바닥에 : par terre
정면에 : en face (de)
사이에 : entre... et...
옆에 : à côté (de)
구석에 : au coin (de)
끝에 : au bout (de)
가에 : au bord (de)
둘레에 : autour (de)
왼쪽으로 : à gauche
오른쪽으로 : à droite
똑바로, 곧장 : tout droit
앞으로 : en avant
뒤로 : en arrière
…쪽으로 : vers
…을 따라서 : le long de
어디 : où

❖ 연 습 문 제

1. 이 여자아이는 자기 어머니와 꼭 닮았다.(똑 같이 comme deux gouttes d'eau)
2. 이 스탠드가 마음에 듭니다. 이것을 사겠습니다.
3. 부자는 돈에 집착합니다. (집착하다 tenir à)
4. 장관은 라디오를 통해서 그 계획의 목적을 말했습니다.
5. 외국어에 대한 지식이 그에게 많은 도움이 되었다.
6. 이 아이들이 아파트 생활에 익숙하지 않기 때문에 시끄럽게 해도 사람들은 그들을 용서해 준다.
7. 도착하는 대로 나에게 편지하시오.
8. 내가 건 전화를 아무도 받지 않았다.
9. 나는 그 질문에 대답하지 않았다.
10. 마리는 친구를 저녁식사에 초대하려고 전화를 걸었습니다.
11. 피에르는 상을 차렸고 마리는 후식을 담당했습니다.
12. 그 사건은 총회에서 논의하게 될 것입니다.
13. 경찰이 그 사람을 체포하기에는 증거가 부족하다.
    (증거가 부족하다. manquer de preuves)
14. 그 운전사는 길을 잘못 들었다.
15. 이 작가는 너무 자주 똑 같은 단어들을 사용합니다.
16. 그 사고는 당신에게 교훈이 될 것입니다. (교훈이 되다. servir de leçon)
17. 마리는 파이를 오븐에서 꺼내서 접시 위에 놓았다.
18. 시청은 어디에 있습니까?
19. 슈퍼마켓은 어디에 있습니까? 우체국 건너편에 있습니다.
20. 은행은 중앙로와 시장로 모퉁이에 있습니다.
21. 영화관은 공원 옆에 있습니다.
22. 프랑스에서는 자동차가 오른쪽으로 다닙니다.
23. 우리는 약국 바로 위층에서 살고 있습니다.

Nom : ____________________

Numéro : ____________________

EXERCICES 4

1. ____________________

2. ____________________

3. ____________________

4. ____________________

5. ____________________

____

6. ____________________

7. ____________________

8. ____________________

9. ____________________

10. ____________________

11. ____________________

12. ____________________

13. ____________________

절 취 선

14. ______________________________

15. ______________________________

16. ______________________________

17. ______________________________

18. ______________________________

19. ______________________________

20. ______________________________

21. ______________________________

22. ______________________________

23. ______________________________

제 5 과 Pierre donne un livre à Marie

주어 + 동사 + 직접목적보어 + 간접목적보어

• 이번 과에서 살펴보게 될 문형은 두 개의 목적보어가 함께 나타나는 문장으로 그 중 하나는 전치사를 동반하지 않는 직접목적보어이며 다른 하나는 전치사 à와 함께 쓰이는 간접목적보어이다. 이러한 문형에 사용될 수 있는 동사에는 acheter, ajouter, apporter, apprendre, attacher, cacher, commander, conduire, défendre, demander, dire, donner, écrire, employer, enlever, envoyer, expliquer, jeter, lire, marier, montrer, obliger, offrir, pardonner, payer, permettre, préparer, présenter, prêter, promettre, raconter, rappeler, rendre, répéter, vendre, voler 등이 있다.

Pierre *donne* un livre à Marie. (피에르는 마리에게 책을 한 권 준다.)
Pierre *achète* un livre à Marie.
(피에르는 마리에게 책을 한 권 사준다/
피에르는 마리에게서 책을 한 권 산다.)
Pierre *apprend* la valse à Marie.
(피에르는 마리에게 왈츠를 가르쳐준다.)
Il *commande* un café au garçon. (그는 종업원에게 커피를 주문한다.)

• 이 문형에서 직접목적보어는 대부분의 경우 사물을 나타내는 명사가 사용되지만 사람이 직접목적어가 되는 경우도 있다.

Pierre présente *Paul* à Marie. (피에르는 폴을 마리에게 소개한다.)
Je préfère *Jeanne* à Marie. (나는 마리보다 쟌느를 더 좋아한다.)

그리고 간접목적보어는 주로 사람을 나타내는 명사가 쓰이지만 사물의 의미를 가지는 명사가 나오는 경우도 있다.

Je préfère le café *au thé.* (나는 홍차보다 커피를 더 좋아한다.)
La situation a obligé Pierre *à une telle décision.*
(상황이 피에르가 그런 결정을 하게 만들었다.)

어휘 5 신체부위

머리 : tête (*f*)
머리〔두발〕: cheveux (*m. pl*)
얼굴 : visage (*m*)
이마 : front (*m*)
눈 : oeil (*m*) (les yeux)
눈썹 : sourcil (*m*)
속눈썹 : cil (*m*)
코 : nez (*m*)
뺨 : joue (*f*)
입 : bouche (*f*)
입술 : lèvre (*f*)
이 : dent (*f*)
혀 : langue (*f*)
턱 : menton (*m*)
귀 : oreille (*f*)
목 : cou (*m*)
어깨 : épaule (*f*)
가슴 : poitrine (*f*)
젖가슴 : sein (*m*)
등 : dos (*m*)
배 : ventre (*m*)
팔 : bras (*m*)
손 : main (*f*)
손목 : poignet (*m*)
손가락 : doigt (*m*)
손톱, 발톱 : ongle (*m*)
팔꿈치 : coude (*m*)
허리 : taille (*f*)
다리 : jambe (*f*)
무릎 : genou (*m*)
발목 : cheville (*f*)
발 : pied (*m*)
발가락 : orteil (*m*)
사지 : membres (inférieurs / supérieurs) (*m. pl*)

❖ 연습문제

1. 선생님은 학생들에게 프랑스어를 가르친다.
2. 나는 여러분에게 이 문제를 해결하는 쉬운 방법을 가르쳐주겠습니다.
(문제를 해결하다. résoudre le problème)
3. 점원이 마리에게 비디오(V.T.R) 사용법을 설명해 주었다.
4. 연초에 프랑스에서는 수위와 우체부에게 새해 선물을 줍니다.
5. 만원만 빌려줄래?
6. 나는 지난주에 프랑스 친구에게 소설책을 보냈습니다.
7. 마리는 자기 딸을 의사와 결혼시켰다.
8. 마리의 아버지는 마리에게 결혼 선물로 차를 한 대 사주었다.
9. 새로 산 양복을 나에게 보여주겠니?
10. 누가 이 책을 피에르에게 주었습니까?
11. 피에르의 형이 마리에게 충고를 해줍니다.
12. 피에르는 영화보러 가기로 마리와 어제 약속했습니다.
13. 학생들이 선생님께 질문을 합니다. (질문하다. poser une(des) question(s))
14. 너의 친구들에게 사과해라.
15. 피에르는 검은 머리에 갈색 눈입니다.
16. 매일 아침 로베르는 세수를 합니다.
17. 나는 시계를 왼쪽 팔목에 차고 있습니다.
18. 첫번째 손가락은 엄지입니다.
19. 길을 건너려고 다니엘은 농생에게 손을 내밀었습니다.
20. 피에르는 많이 걸어다녀서 다리가 아픕니다.
21. 우리는 눈으로 보고, 귀로 듣고, 코로 냄새를 맡습니다.
22. 국이 너무 뜨거워서 피에르는 혀를 데었습니다.
23. 마리는 목에 목걸이를 하고 있습니다.

Nom : ____________________

Numéro : ____________________

EXERCICES 5

1. ______________________________

2. ______________________________

3. ______________________________

4. ______________________________

____

5. ______________________________

6. ______________________________

7. ______________________________

8. ______________________________

9. ______________________________

10. ______________________________

11. ______________________________

12. ______________________________

13. ______________________________

절 취 선

14. ______________________________

15. ______________________________

16. ______________________________

17. ______________________________

18. ______________________________

19. ______________________________

20. ______________________________

21. ______________________________

____

22. ______________________________

23. ______________________________

제 6 과 Pierre charge Marie d'une affaire

문형 6 | **주어 + 동사 + 직접목적보어 + 간접목적보어**

• 이번 과에서 살펴보게 될 문형은 5과에 이어서 두 개의 목적보어가 함께 나타나는 문장으로 이번에는 간접목적보어가 전치사 à가 아닌 전치사 de와 함께 쓰이는 경우이다. 이러한 문형에 사용될 수 있는 동사는 charger, excuser, plaindre, punir, prévenir, servir, guérir, sauver, soigner, envelopper, entourer, apprendre, attendre, espérer, recevoir, connaître, dire 등이다.

Pierre *charge* Marie d'une affaire.
(피에르는 마리에게 일거리를 하나 맡긴다.)
Pierre *excuse* Marie de son retard.
(피에르는 마리가 늦게 온 것을 용서한다.)
J'*ai appris* cette nouvelle de Pierre.
(나는 이 소식을 피에르에게서 알았다.)

위의 예문에서 살펴볼 수 있듯이 이 문형에서 직접목적보어나 간접목적보어는 동사에 따라 사람을 나타내는 명사가 올 수도 있고, 사물을 나타내는 명사가 올 수도 있다.

• 전치사 de가 쓰일 때 한 가지 주의할 사항은, 전치사 de 뒤에 부분관사나 부정관사 복수형을 동반하는 명사가 올 때는 그 부분관사나 복수 부정관사를 생략하고 명사만 쓴다는 점이다.

$$\text{de} + \begin{cases} \text{du} \\ \text{de la} \\ \text{des} \end{cases} = \text{de}$$

Les ouvriers chargent un camion *de sable*.
(일꾼들이 트럭에 모래를 싣는다.)
Pierre enveloppe le livre *de papier*.
(피에르는 그 책을 종이로 싼다.)

La cuisine est remplie *de vapeur.*
(부엌은 수증기로 가득찼다.)

이 문형에서 전치사 de와 함께 쓰이는 간접목적보어는 동사에 따라 '…에 대하여', '…을', '…으로', '…으로부터' 등의 다양한 의미를 가질 수 있다는 점에 유의해야 한다.

Je ne sais pas grand-chose *de lui.* (나는 그에 대해 잘 알지 못한다.)
Pierre enveloppe le livre *de papier.* (피에르는 그 책을 종이로 싼다.)
J'ai appris cette nouvelle *de Marie.* (나는 그 소식을 마리에게서 들었다.)

어휘 6 가족, 친척

가족 : famille (*f*)
부모 : les parents (*m. pl*)
아버지 : père (*m*), papa (*m*)
어머니 : mère (*f*), maman (*f*)
아들 : fils (*m*)
딸 : fille (*f*)
조부모 : les grands-parents (*m. pl*)
할아버지 : grand-père (*m*), pépé (*m*)
할머니 : grand-mère (*f*), mémé (*f*)
손자 : petit-fils (*m*)
손녀 : petite-fille (*f*)
형제(형, 오빠, 남동생) : frère (*m*)
자매(언니, 누나, 여동생) : soeur (*f*)
첫째(장남, 장녀) : aîné (fils aîné, fille aînée, frère aîné, soeur aînée)
둘째(차남, 차녀) : cadet (cadette)
막내 : benjamin (benjamine)
삼촌(숙부), 외삼촌(외숙부), 고모부, 이모부, 아저씨 : oncle (*m*), tonton (*m*)
고모, 이모, 숙모, 외숙모, 아주머니 : tante (*f*), tata (*f*)
사촌 : cousin (cousine), cousin germain(cousine germaine)
조카 : neveu (nièce)
부부 : couple (*m*)
남편 : mari (*m*), époux (*m*)
아내 : femme (*f*), épouse (*f*)
시아버지, 장인, 계부 : beau-père (*m*)
시어머니, 장모, 계모 : belle-mère (*f*)
사위 : gendre (*m*)
며느리 : belle-fille (*f*)
매형, 처남, 동서, 형부 : beau-frère (*m*)
시누이, 올케, 처형, 처제, 형수, 제수 : belle-soeur (*f*)
시가, 처가 : belle-famille
대부 : parrain (*m*)
대모 : marraine (*f*)

❖ 연습문제

1. 아저씨는 그의 아들이 늦게 온 것을 용서해 줍니다.
2. 그 여자는 호기심 때문에 마침내 벌을 받았다.
3. 피에르는 부모님께 자기가 없을 거라고 미리 알리기 위해 전화를 했습니다.
4. 그 산의 맑은 공기가 베로니크의 언니의 천식을 낫게 했다.
   (천식 l'asthme)
5. 소방수들은 그 노파를 불에 싸인 집에서 구해냈다.
6. 피에르의 할아버지는 정원에 담을 둘러 세웠다.
7. 시장의 과일 장수는 사과를 신문지로 쌉니다
8. 저는 그 사건을 마리에게서 들어 알았습니다.
9. 아버지는 자기 아들이 그것과는 다른 결과를 가져다줄 것을 기대하고 있었습니다.
10. 어머니는 큰 딸에게서 장문의 편지를 한 장 받았습니다.
11. 쟌다르크는 프랑스 왕을 적들로부터 구했다.
12. 나는 내 사촌이 그런 상황에 처한 것을 가엾게 여긴다.
    (가엾게 여기다 plaindre)
13. 아무도 그 어린아이를 그 사고에서 구해내지 못했다.
14. 의사 선생님이 내 딸의 감기를 치료해 주십니다.
15. 피에르는 옆 사람에게 포도주를 따라 줍니다.
16. 저는 당신이 다른 대답을 하기를 희망했었습니다.
17. 조카는 형이나 누나의 아들이다.
18. 삼촌께서 아프시기 때문에 숙모님만 오실 것입니다.
19. 여름휴가 동안 나는 아이들을 시어머님께 맡겼습니다.
20. 어떤 나라에서는 남자는 여러 명의 아내를 가질 수 있습니다.

Nom : ________________

Numéro : ____________________

EXERCICES 6

1. ____
2. ____
3. ____
4. ____
5. ____
6. ____
7. ____
8. ____
9. ____
10. ____
11. ____
12. ____
13. ____
14. ____

절 취 선

15. ____________________

16. ____________________

17. ____________________

18. ____________________

19. ____________________

20. ____________________

제 7 과 Pierre trouve Marie belle

문형 7 주어 + 동사 + 직접목적보어 + 직접목적보어의 속사

• 제 1 과에서는 《주어 + 계사 + 속사》 형태의 문장을 살펴보았다. 이때 속사는 주어에 관련된 것으로 주어의 속성을 말해주는 요소였다. 이번 과에서 익히게 될 문형은 이와는 달리 직접목적보어의 속성을 말해주는 직접목적보어의 속사가 나타나는 문형으로 《주어 + 동사 + 직접목적보어 + 직접목적보어의 속사(sujet + verbe + complément d'objet direct + attribut du complément d'objet direct)》의 문장형태이다. 이러한 문형에 사용될 수 있는 동사는 appeler, boire, croire, garder, juger, laisser, manger, nommer, rendre, trouver 등이다.

Pierre *rend* Marie heureuse. (피에르는 마리를 행복하게 만든다.)
Pierre *laisse* Marie tranquille. (피에르는 마리를 조용하게 내버려둔다.)
Le Président *nomme* Pierre Premier Ministre.
(대통령은 피에르를 수상에 임명한다.)

• 상기 예문에서 관찰할 수 있듯이 직접목적보어의 속사로 쓰이는 요소는 주어 속사의 경우와 마찬가지로 명사나 형용사이다. 이 때 한 가지 주목할 점은 명사와 형용사 가운데 어느 것을 사용하는가는 동사에 좌우된다. 또한 속사가 직접목적보어의 속사이므로 일치를 시킬 때는 주어가 아니라 직접목적보어의 성과 수에 일치를 시켜야 한다.

이러한 문형은 또한 재귀적 대명동사에서도 나타난다.
Pierre se sent malade. (피에르는 자기가 아프다고 느낀다.)
Cet enfant se croit malin. (이 아이는 자신이 약다고 생각한다.)

대명동사의 경우 직접목적보어의 속사는 부사가 될 수도 있다.
Marie se conduit bien. (마리는 예의바르게 행동한다.)
Pierre se tient debout. (피에르는 서 있다.)

어휘 7 주거, 주택

집 : maison (*f*); maison à vendre (팔려고 내놓은 집)
maison à louer(세놓을 집)

단독주택 : maison individuelle

별장 : villa (*f*)

아파트 : appartement (*m*); un appartement (à deux pièces, à trois pièces, etc.); appartement de luxe (고급 아파트); studio (*m*) (주방, 거실, 침실의 구분 없이 방 하나로 이루어져 있는 소형 아파트, 우리나라의 오피스텔 구조와 유사함); studio meublé (가구가 미리 갖추어진 스튜디오)

방 : pièce (*f*) (les pièces de l'appartement: 잠자는 방뿐만 아니라 부엌, 식당, 거실, 목욕탕 등도 가리킨다); chambre (*f*) (잠자는 방을 가리킴)

부엌 : cuisine (*f*)
식당방 : salle (*f*) à manger
거실 : salle de séjour, salon (*m*)
침실 : chambre (*f*) (à coucher)
서재 : bureau (*m*)
cabinet (*m*) de travail
목욕탕 : salle de bain(s)
화장실 : toilettes (*f. pl*), les W-C
복도 : couloir (*m*)
현관 : entrée(*f*)
베란다 : véranda (*f*)
정원 : jardin (*m*)

계단 : escalier (*m*)
엘리베이터 : ascenseur (*m*)
층 : étage (*m*)
일층 : rez-de-chaussée (*m*)
중앙난방 : chauffage central (*m*)
개인난방 : chauffage individuel (*m*)
전기난방 : chauffage électrique (*m*)
부동산, 복덕방 : agence immobilière (*f*)
세입자 : locataire (*n*)
집주인 : prorpriétaire (*n*)
집세 : loyer (*m*)

❖ **Remarque**

▽ 장소를 나타내는 전치사의 사용은 어떤 장소인지에 따라 다르므로 전치사의 사용에 주의해야 한다. 우선 마을이나 도시를 나타낼 때는 전치사 dans을 사용한다.

Pierre habite *dans* le village. (피에르는 마을에 산다.)

Pierre habite *dans* la ville. (피에르는 도시에 산다.)

▽ '교외에'의 의미를 나타낼 때는 전치사 dans이나 en을 쓴다. 이때 전치사 dans을 쓰면 관사와 함께 써야 하며, 전치사 en을 쓰면 관사 없이 쓴다는 점에 유의해야 한다.

J'habite *dans* la banlieue. (나는 교외에 산다.)

J'habite *en* banlieue. (나는 교외에 산다.)

▽ 도시라는 일반명사가 아니고 특정도시를 나타내는 고유명사의 경우 전치사 à를 사용한다.

Mon ami habite *à* Séoul. (나의 친구는 서울에 산다.)

▽ 국가명일 경우는 그 국가명이 여성명사일 때는 관사 없이 전치사 en을 사용하고 국가명이 남성명사이거나 복수명사일 때는 전치사 à를 사용하며, 국가명 앞에 전치사를 붙인다. 그러나 모음으로 시작되는 남성명사 국가의 경우는 전치사 en을 사용한다.

Pierre travaille *en* France. (피에르는 프랑스에서 공부〔일〕한다.)

Pierre habite *au* Japon. (피에르는 일본에 산다.)

Pierre a fait ses études *aux* États-Unis. (피에르는 미국에서 공부했다.)

Pierre habite *en* Iran. (피에르는 이란에 산다.)

▽ 대륙의 경우 전치사 en을 사용한다.

Pierre est né *en* Asie. (피에르는 아시아에서 태어났다.)

▽ 프랑스 지방명의 경우 그 지방명이 여성일 때는 전치사 en을, 남성명사일 때는 전치사 dans과 함께 정관사를 쓴다.

Pierre habite *en* Normandie. (피에르는 노르망디에서 산다.)

Cette ville est située *dans* le Berry. (이 도시는 베리(지방)에 있다.)

▽ 행정구역상의 도(département)의 경우는 전치사 dans을 쓴다.

Marie est née *dans* le Loiret. (마리는 로와레에서 출생했다.)

▽ 강의 경우 전치사 sur를 사용한다.

Il y a beaucoup de bateaux *sur* la Seine. (세느 강에 많은 배들이 있다.)

❖ 연습문제

1. 마리는 피에르의 사촌이 매우 친절하다고 생각합니다.
2. 우리나라를 어떻게 생각하십니까?
3. 사랑은 여자를 아름답게 만든다.
4. 그 소식 때문에 어머니께서 병이 나셨다.
5. 냉정을 지키시오.
6. 그 아이는 눈을 치켜 뜨고 여선생님을 계속 보았다.
(눈을 치켜 뜨다 garder〔avoir〕 les yeux lévés))
7. 나갈 때 문을 닫지 마십시오.
8. 경찰은 확신이 없었기 때문에 그를 석방했다.
9. 그는 커피를 뜨거울 때 마신다.
10. 피에르는 고기를 잘 익혀서 먹는다.
11. 그의 부모님은 그를 피에르라 이름지었다.
12. 시의회는 그를 시장으로 임명했다.
13. 사람들은 이 집을 백악관이라 부른다.
14. 저는 그 요구가 시기적절하다고 판단하지 않습니다.
15. 후보자들은 그 질문이 어렵다고 느꼈습니다.
16. 저는 이 영화가 훌륭하다고 생각합니다.
17. 뒤퐁씨는 마르탱씨에게 집을 팝니다.
18. 당신은 단독주택에서 삽니까 혹은 아파트에서 삽니까?
19. 냉장고는 부엌에 있습니다.
20. 그것은 거실과 침실이 각각 하나씩 있는 작은 아파트입니다.
21. 집주인이 세입자에게 아파트를 세놓습니다.
22. 피에르는 매월 2,000 프랑에 그 아파트에 세들었습니다.

Nom : ____________________

Numéro : ____________________

EXERCICES 7

1. ______________________________
2. ______________________________
3. ______________________________
4. ______________________________
5. ______________________________
6. ______________________________
7. ______________________________
8. ______________________________
9. ______________________________
10. ______________________________
11. ______________________________
12. ______________________________
13. ______________________________
14. ______________________________

절 취 선

15. ____

16. ____

17. ____

18. ____

19. ____

20. ____

21. ____

22. ____

제 8 과 Pierre vient nous voir

문형 8 주어 + 동사 + 동사원형(I)

• 제 7 과까지는 직접목적보어나 간접목적보어가 모두 명사인 문장 형태를 익혔다. 그런데 불어에서는 명사가 아닌 동사가 직접목적보어나 간접목적보어가 나타나는 자리 즉, 동사의 뒤쪽에 나타날 수 있으며 이때 동사뒤에 나오는 또다른 동사는 변화형이 아니라 원형을 사용한다. 이 경우 동사원형이 가지는 의미는 다양하게 나타나는데 각각의 의미는 문형을 하나씩 익힐 때마다 언급하기로 한다.

• 이번 과에서는 동사 뒤에 아무런 전치사의 매개도 없이 직접 동사원형이 뒤따라오는 문장구성인 《주어+동사+동사원형(sujet+verbe+infinitif)》 형태를 살펴볼 것이다. 특히 이번 과에서 살펴보게 되는 문형에 나타나는 동사들은 동사원형이 아닌 명사는 목적보어로 가질 수 없는 자동사들이라는 특징이 있다. 이러한 문형에 나타날 수 있는 동사들은 aller, s'en aller, courir, descendre, entrer, monter, partir, passer, remonter, rentrer, repartir, rester, retourner, revenir, sortir, venir 등으로 흔히 운동동사(verbes de mouvement)라 일컬어지는 동사들이다.

Marie est *sortie* prendre l'air. (마리는 바람 쐬러 나갔다.)
Pierre est *retourné* chercher son portefeuille.
(피에르는 자기 지갑을 찾으러 되돌아갔다.)
Il est *parti* acheter le journal. (그는 신문 사러 갔다.)

이 문형에서 동사원형의 의미는 《…하러》의 의미로 대부분의 경우 동사원형 앞에 전치사 pour를 붙일 수 있다.

Il vient prendre des billets. (그는 표를 사러 옵니다.)
Il vient pour prendre acheter des billets. (그는 표를 사러 옵니다.)

그러나 aller chercher나 venir voir와 같은 관용화된 몇몇 표현의 경우는 동사원형앞에 pour를 붙일 수 없다.

❖ **Remarque** 이 문형에 사용되는 동사 가운데 aller 동사는 동사원형이 뒤따라올 때 운동동사의 의미뿐만 아니라 근접미래를 나타내는 준조동사의 의미를 가질 수도 있으므로 둘 중 어느 의미에 해당하는지를 잘 파악해야 한다.

Pierre va sortir. (피에르는 곧 외출할 것이다. — 근접미래)

Alain va retrouver son ami. (알랭은 친구를 만나러 간다. — 운동동사)

Pierr est allé voir un film. (삐에르는 영화보러 갔다. — 운동동사)

어휘 8 가 구

가구 : meuble (*m*)
거울 : miroir (*m*), glace (*f*)
라디오 : radio (*f*), poste (*m*) de radio
벽장 : placard (*m*)
샤워(기) : douche (*f*)
샹들리에 : lustre (*f*)
서랍장 : commode (*m*)
선반 : étagère (*f*)
소파 : canapé (*m*), sofa (*m*)
스탠드 : lampe (*f*)
시계 : pendule (*f* 추시계), horloge (*f* 괘종시계), réveil (*m* 자명종 시계)
쓰레기(휴지)통 : poubelle (*f*)
의자, 팔걸이가 있는 의자 : fauteuil (*m* 팔걸이가 없는 의자 : chaise (*f*)
양탄자 : tapis (*m* 일정한 크기로 이미 짜놓은 것), moquette (*f* 바닥 크기에 맞추어 까는 것)
액자(그림) : tableau (*m*)
옷장, 장롱 : armoire (*f*)
욕조 : baignoire (*f*)
전구 : ampoule (*f*)
전등 : lampe (*f*), lumière (*f*)
전화 : téléphone (*m*)
책상(사무용) : bureau (*m*)
책장 : bibliothèque (*f*)
침대 : lit (*m*)
커텐 : rideaux (*m*, *pl*)
컴퓨터 : ordinateur (*m*)
탁자 : table (*f*), une table basse (거실용 낮은 탁자)
텔레비전 : télévision (*f*), poste (*m*) de télévision

❖ 연습문제

1. 피에르는 집에 없습니다. 장을 보러 갔습니다.
2. 담배 사올 테니 잠깐 기다려.
3. 남아서 한잔 하시겠습니까?
4. 피에르는 마리를 보러 달려간다.
5. 내 동생은 책을 찾으러 이층에 올라간다.
6. 그는 편지를 부치러 뛰어갔다. (편지를 부치다. poster)
7. 나는 그녀와 식당에서 저녁식사를 하기 위해 외출했다.
8. 전화하러 왔니? 아뇨, 그것 때문에 온 것이 아닙니다.
9. 자동차 찾으러 갔었니? — 예, 갔었습니다.
10. 마리는 그녀의 할머니를 간호하기 위해 내일 다시 떠날 것이다.
11. 그는 신문을 가지러 들어왔다.
12. 나탈리는 자기 책들을 책상 위에 놓았습니다.
13. 그 의자를 가지고 우리 곁에 와서 앉아라.
14. 당신의 안락의자는 매우 편안하군요.
15. 우리 집에는 침대가 많이 있습니다.
16. 어머니는 옷들을 옷장에 정리해 넣습니다.
17. 욕조에 물이 가득 차면 저를 부르십시오.
18.. 마리의 방에는 침대 하나, 탁자 둘, 의자 셋, 옷장 하나가 있습니다.
19. 책장과 침대 사이에는 전기 스탠드가 있습니다.
20. 이 침대를 어디에 놓을까요? 방 한가운데 놓을까요, 아니면 벽에 붙여 놓을까요? (벽에 붙여 contre le mur)

Nom : ____________________

Numéro : ____________________

EXERCICES 8

1. ____________________
2. ____________________
3. ____________________
4. ____________________
5. ____________________
6. ____________________
7. ____________________
8. ____________________
9. ____________________
10. ____________________
11. ____________________
12. ____________________
13. ____________________
14. ____________________

절 취 선

15. ______________________________

16. ______________________________

17. ______________________________

18. ______________________________

____

19. ______________________________

20. ______________________________

____

제 9 과 Pierre veut venir

문형 9 | 주어 + 동사 + 동사원형(Ⅱ)

• 이번 과에서는 제8과에 이어서 동사 뒤에 또 다른 동사원형이 나타나는 《주어 + 동사 + 동사원형(sujet + verbe + infinitif)》의 문형을 살펴보게 될 것이다. 앞 과와 동일한 문형이지만 이번 과에서는 동사원형을 동반하는 변화된 도입동사가 앞 과와는 달리 운동동사가 아니라,

(1) 주로 양태를 나타내는 전통문법에서 흔히 준조동사로 분류되던 동사로서 이러한 동사에는 devoir, oser, paraître, pouvoir, savoir, sembler, vouloir, avoir failli 등이 있으며,

(2) 운동동사도 양태준조동사도 아닌 의견이나 의지를 표현하는 compter, croire, espérer, juger, penser, se rappeler, reconnaître, aimer, préférer 등도 이러한 문형에 사용될 수 있다.

Pierre *doit* venir à huit heures. (피에르는 여덟 시에 와야 한다.)
Il *a failli* manquer son train. (그는 기차를 놓칠 뻔했다.)
Je ne *peux* plus attendre. (저는 더 이상 기다릴 수 없습니다.)
Je *sais* conduire. (나는 운전할 줄 안다.)
Pierre a *voulu* rester chez lui. (피에르는 자기 집에 남아 있고 싶어했다.)
Je *crois* comprendre ce que vous dites.
(나는 당신이 말하는 것을 이해한다고 생각합니다.)
Pierre *espère* venir. (피에르는 오기를 희망합니다.)
Je *préfère* partir. (저는 차라리 떠나고 싶습니다.)

이 문형에서 동사원형의 의미는 앞에 오는 도입동사의 의미에 따라 다양하게 나타나며 전체 문장의 주어가 동사원형의 의미상 주어가 된다.

• 본 문형에 사용되는 동사의 주어는 양태 조동사 중 oser, savoir, vouloir와 의견이나 의지를 나타내는 동사는 사람의 의미를 가지는 명사가 주어가 되고 나머지 양태 조동사 devoir, pouvoir, paraître, sembler, avoir failli는 사람이나 사

물을 나타내는 명사 모두가 주어가 될 수 있다.

Pierre *semble* dormir. (피에르는 잠자는 것 같다.)

La neige *semble* fondre. (눈이 녹는 것 같다.)

Pierre *doit* partir maintenant. (피에르는 지금 떠나야 한다.)

Cette table *doit* être réparée le plus tôt possible.
(이 탁자는 가능한 한 빨리 수리되어야 한다.)

어휘 9 식사, 음식

식사 : repas (*m*), prendre[faire] le repas (식사를 하다), préparer le repas (음식을 만들다)
아침식사 : petit déjeuner (*m*)
점심식사 : déjeuner (*m*)
저녁식사 : dîner (*m*)
간식 : casse-croûte (*m*)
전채요리 : hors-d'oeuvre (*m*), entrée (*f*)
요리, 음식 : plat (*m*), plat principal (식사의 주된 요리)
후식, 디저트 : dessert (*m*)
음료 : boisson (*f*)
고기(육류) : viande (*f*)
(날짐승, 조류) : volaille (*f*)
(생선, 어류) : poisson (*m*)
밥, 쌀 : riz (*m*)
야채 : légumes (*f. pl*)
과일 : fruit (*m*)
빵 : pain (*m*)
양념 : épice (*f*), condiment (*m*)
치즈 : fromage (*m*)
버터 : beurre (*m*)
포도주 : vin (*m*), vin rouge (붉은 포도주), vin blanc (백포도주), vin rosé (분홍색 포도주)
맥주 : bière (*f*)
우유 : lait (*m*)
야쿠르트, 요플레 : yaourt (*m*)
물 : eau (*f*)
쥬스 : jus (*m*), jus d'orange (오렌지 쥬스)
커피 : café (*m*)
차 : thé (*m*)
코코아티 : chocolat (*m*)
과자, 떡 : gâteau (*m*), gâteau de riz (떡)
식당 : restaurant (*m*)
다방 : café (*m*) (음료뿐만 아니라 가벼운 음식 및 맥주 등 술도 파는 곳), salon de thé (*m*) (술은 팔지 않고 차만 파는 곳)
메뉴판 : carte (*f*)

❖ 연습문제

1. 마리는 부모님이 기다리시기 때문에 집에 돌아가야 합니다.
2. 우리는 함께 휴가를 떠나기로 되어 있었는데 피에르가 병에 걸렸습니다.
3. 물건들은 모두 제자리에 있어야 한다.
4. 나는 계단에서 넘어질 뻔했다.
5. 그 트럭은 소년을 칠 뻔했다.
6. 내 동생은 혼자 길을 건널 수 있다.
7. 이 자동차는 시속 200 킬로를 낼 수 있다.
8. 너 내일 올 수 있니? — 아니, 할 일이 있어.
9. 피에르가 당신에게 감히 그처럼 대답을 했습니까?
10. 피에르는 영어와 불어를 잘 말할 수 있다.
11. 피에르의 아내는 운동에 관심이 있는 것 같다.
12. 날씨가 좋아지는 것 같다. (좋아지다 s'améliorer)
13. 당신은 언제 떠나실 예정입니까?
14. 나는 6시 30분 기차를 탈 수 있기를 희망합니다.
15. 그 사람은 당신을 어디에선가 이미 만난 것을 기억합니다.
16. 나는 이 일을 해야 한다고 판단했다.
17. 그는 자기가 마리를 속였다는 것을 인정한다.
18. 커피 마실래 아니면 우유 마실래?
19. 음료수는 무엇으로 하시겠습니까?
20. 아침식사 후 나는 내 친구와 약속이 있습니다.
21. 프랑스에는 치즈가 300여종 있습니다.
22. 가족 모두가 시사시간에 모였습니다.
23. 고기를 드시기 전에 전채요리를 하지 않으시겠습니까?
24. 피자는 이탈리아 음식이다.
25. 식사 마지막에 우리는 후식으로 과일을 먹었다.

Nom : ______________________

Numéro : ______________________

EXERCICES 9

1. ______________________

2. ______________________

3. ______________________

4. ______________________

5. ______________________

6. ______________________

7. ______________________

____

8. ______________________

9. ______________________

10. ______________________

11. ______________________

12. ______________________

13. ______________________

절 취 선

14. ____________________

15. ____________________

16. ____________________

17. ____________________

18. ____________________

19. ____________________

20. ____________________

21. ____________________

22. ____________________

23. ____________________

24. ____________________

25. ____________________

제 10 과 Pierre commence à travailler

문형 10 | **주어 + 동사 + à + 동사원형**

• 이번 과에서 익히게 될 문형도 도입동사 다음에 동사원형이 나오는 문형인데 이번과에서는 8과나 9과에서와는 달리 동사원형이 전치사 à와 함께 쓰이는 경우로 《주어+동사+à+동사원형(sujet+verbe+à+infinitif)》의 문장 구성이다. 이러한 문형에 사용될 수 있는 동사는 apprendre, chercher, commencer, continuer, demander, penser, recommencer, réussir, se mettre, tendre, tenir 등이 있다.

Pierre *commence* à travailler. (피에르는 일하기 시작한다.)
J'*apprends* à conduire. (나는 운전하는 것을 배운다 / 운전을 배운다.)
Pierre *se met* à travailler. (피에르는 일〔공부〕하기 시작한다.)
Pierre *a réussi* à faire cela. (피에르는 그것을 하는 데 성공했다.)

이 문형에서 전치사 à 다음에 오는 동사원형의 의미상 주어는 전체 문장의 주어이다.

❖ **Remarque** 본 문형에 나오는 동사들은 다른 한편 동사원형이 아닌 명사의 목적보어와 함께 나타날 수 있는데 이때 주의할 점은 이들 동사 가운데 어떤 것은 명사를 보어로 취하는 경우 전치사 없이 직접목적보어를 가지고, 또 어떤 동사는 전치사 à와 함께 쓰이는 간접목적보어를 취한다는 점이다. 상기에 열거된 동사 가운데 commencer, recommencer, continuer, apprendre, chercher, demander, réussir 등은 직접목적보어 형태의 명사를 취하고 se mettre, penser, tenir 등은 간접목적보어 형태의 명사를 취한다. (제 4 과 참조)

Pierre *commence* son travail. (피에르는 자기 일을 시작한다.)
J'*apprends* le français. (나는 불어를 배운다.)
Pierre *se met* au travail. (피에르는 일을 시작한다.)
Pierre *tient* à son frère. (피에르는 동생을 좋아한다.)

어휘 10 과일, 야채

사과 : pomme (*f*)
배 : poire (*f*)
포도 : raisin (*m*)
귤 : mandarine (*f*), clémentine (*f*)
오렌지 : orange (*f*), jus (*m*) d'orange (오렌지 쥬스)
복숭아 : pêche (*f*)
수박 : pastèque (*f*)
참외, 멜론 : melon (*m*)
토마토 : tomate (*f*)
바나나 : banane (*f*)
파인애플 : ananas (*m*)
버찌, 체리 : cerise (*f*)
딸기 : fraise (*f*)
산딸기 : framboise (*f*)
살구 : abricot (*m*)
자두 : prune (*f*)
키위 : kiwi (*m*)
자몽 : pamplemousse (*f*)
밤 : châtaigne (*f*)
감 : kaki (*m*)

레몬 : citron (*m*)
옥수수 : maïs (*m*)
홍당무, 당근 : carotte (*f*)
오이 : concombre (*m*)
배추 : chou (*m* 양배추), chou chinois (우리나라에서 김치 담글 때 쓰는 배추)
무우 : navet (*m*)
버섯 : champignon
감자 : pomme de terre (*f*)
상추 : laitue (*f*)
파 : poireau (*m*)
양파 : oignon (*m*)
마늘 : ail (*m*)
고추 : piment (*m*), poivron (*m*) (피망)
후추 : poivre (*m*)
시금치 : épinard (*m*)
콩나물 : soja (*m*)
쌀 : riz (*m*)
밀 : blé (*m*)
두부 : soja blanc (*m*)

❖ 연습문제

1. 당신 아들은 몇 살 때 말하기 시작했습니까?
2. 오는 월요일날 우리는 공사를 하기 시작할 것입니다.
3. 계속 울려면 네 방에 들어가 문 닫아라.
4. 할아버지께서 조금 나으셔서 이틀 전부터 다시 음식을 드시기 시작합니다.
5. 바람이 다시 불기 시작합니다.
6. 내 동생은 올해는 유치원에서 그림 그리는 것을 배우는데 내년에는 학교에서 읽고 쓰는 것을 배울 것입니다.
7. 너는 내 말을 이해하려 하지 않는구나.
8. 피에르는 어제 미리에게 전화하려 했지만 마리가 집에 없었습니다.
9. 야당 국회의원들은 총회에서 발언하기를 요구합니다.
   (야당의원 député de l'opposition)
10. 당신의 증언은 검토가 필요합니다. (검토하다 vérifier)
11. 피에르는 어떻게 그 집에서 나오는 데 성공했습니까?
12. 나는 내 동생을 설득하는 데 성공했습니다.
13. 마리는 사람들이 그녀에게 그 소식을 전하는 순간 울기 시작했다.
14. 너는 출발하기 전에 가스 잠그는 것을 생각했니?
15. 너 정말로 우리하고 함께 역에 가고 싶니?
16. 감자가 없어서 감자튀김을 할 수 없다.
   (감자튀김 des frites (de pomme de terre))
17. 과일은 무엇으로 하시겠습니까? 포도를 하시겠습니까 혹은 바나나를 하시겠습니까?
18. 우리 이웃집 사람들은 정원에 당근을 키웁니다.
   (키우다. faire pousser)
19. 숲에서 버섯을 딸 때는 조심하십시오!
20. 오렌지는 어떻게 합니까? — 한 개에 5백원입니다.
21. 아이구 매워! 이 음식에는 후추가 너무 많이 들어갔어.

Nom : ____________

Numéro : ____________

EXERCICES 10

1. ____________
2. ____________
3. ____________
4. ____________

   ____
5. ____________
6. ____________

   ____
7. ____________
8. ____________
9. ____________
10. ____________
11. ____________
12. ____________

절 취 선

13. ______________________________

14. ______________________________

15. ______________________________

16. ______________________________

17. ______________________________

18. ______________________________

19. ______________________________

20. ______________________________

21. ______________________________

제 11 과 Pierre a fini de travailler

문형 11 주어 + 동사 + de + 동사원형

• 이번 과에서 익히게 될 문형은 앞 과에서처럼 보어 역할을 하는 요소가 명사가 아니라 동사원형인 경우인데 이번에는 보어 역할을 하는 이 동사원형이 전치사 de와 함께 나타나는 《주어+동사+de+동사원형》의 문형이다. 이러한 문형에 나타날 수 있는 기본적인 동사는 arrêter, cesser, continuer, décider, finir, oublier, s'arrêter, se dépêcher, se presser, s'occuper 등이다.

Pierre *a fini* de lire ce livre. (피에르는 이 책을 다 읽었다.)
J'*ai oublié* de fermer le gaz. (나는 가스를 잠그는 것을 잊었다.)
Dépêche-toi de manger. (빨리 먹어라.)
Elle n'*arrête* pas de parler. (그녀는 끊임없이 말한다.)
Pierre *s'occupe* de leur écrire.
(피에르가 그들에게 편지 쓰는 것을 담당한다.)

상기 예문에서 관찰할 수 있듯이 이 문형에서도 전체 문장의 주어가 동사원형의 의미상 주어가 된다.

• 동사원형이 올 때 전치사 à를 요구하는 동사의 경우와 마찬가지로 본 문형에 사용되는 동사들은 동사원형뿐만 아니라 명사를 목적보어로 가질 수 있는데 이때 arrêter, continuer, finir, oublier 등의 동사처럼 명사가 목적보어가 될 때는 어떠한 전치사도 요구하지 않고 직접목적보어를 가지는 동사가 있는가 하면, s'occuper 동사처럼 명사보어의 경우도 동사원형처럼 전치사 de와 함께 쓰이는 간접목적보어를 요구하는 동사도 있으며, 다른 한편으로는 s'arrêter, se dépêcher, se presser 등의 동사처럼 명사로 된 목적보어를 전혀 가질 수 없는 경우도 있다는 점에 유의해야 한다.

J'*ai fini* de travailler. (나는 일을 끝냈다.)
J'*ai fini* mon travail. (나는 일을 끝냈다.)

Je *m'occupe* de nettoyer cette salle. (나는 이 방을 청소하는 것을 맡는다.)
Je *m'occupe* de cette salle. (나는 이 방을 맡는다.)

❖ **Remarque** être en train de, être sur le point de, être forcé de, être obligé de 등의 표현과 근접과거를 나타내는 venir de도 상기의 문형에 속한다고 볼 수 있다.

Je *suis en train de* travailler. (나는 일을 하고 있는 중이다.)
Je *suis obligé de* partir. (저는 떠나야 합니다.)
Pierre *vient d'arriver* à Paris. (피에르는 방금 파리에 도착했다.)

어휘 11 의복, 복장

의복 : vêtement (*m*), costume (*m*)
외투 : manteau (*m*), pelisse (*f*), imperméable (*m*) (특히 비올 때 입는 것)
양복 : complet (*m*), costume (*m*) (콤비 : 남성용), tailleur (*m*) (여성용 : 상의+바지 혹은 치마)
웃옷, 상의(양복) : veston (*m*), veste (*f*)
바지, 하의 : pantalon (*m*)
치마 : jupe (*f*)
원피스 : robe (*f*)
청바지 : jean (*m*)
점퍼 : blouson (*m*)
츄리닝 : jogging (*m*)
와이셔츠 : chemise (*f*), chemisette (*f*) (반팔)
티셔츠 : tee-shirt (*m*) (단추가 없는 것), polo (*m*) (목 부분에 단추가 있는 것)
스웨터 : pull(-over) (*m*)
조끼 : gilet (*m*)
실내옷(집에서 입는 가운) : peignoir (*m*)
잠옷 : pyjama (*m*), robe de chambre (*f*), chemise de nuit (*f*)
속옷 : vêtements de dessous (*m*), sous-vêtements(*m*)

팬티 : slip(*m*) (남성용 및 여성용), caleçon (*m*) (주로 남성용), culotte (*f*) (주로 여성용)

브래지어 : soutien-gorge (*m*)

수영복 : maillot de bain (*m*), caleçon bain(남성용 수영팬티)

넥타이 : cravate (*f*), nœud papillon (*m*) (나비넥타이)

허리띠, 벨트 : ceinture (*f*)

멜빵 : bretelles (*f. pl*)

목도리 : foulard (*m*), écharpe (*f*)

양말 : chaussettes (*f. pl*), bas (*m*), collant (*m*) (스타킹)

신 : chaussures (*f. pl*)

운동화 : chaussures de sport (*f. pl*), baskets (*m, pl*) (농구화), tennis (chaussures de tennis) (테니스화)

슬리퍼 : sandales (*f. pl*)

장화, 부츠 : bottes (*f. pl*)

장갑 : gants (*m, pl*), moufles (*f. pl*) (벙어리 장갑)

❖ 연습문제

1. 맥주를 그만 마셔라. 그렇지 않으면 너는 배가 아플 것이다.
2. 내 여동생은 말을 멈추지 않고 계속해서 결국 나를 지치게 만든다.
3. 만약 눈이 계속 내린다면 나는 출발하지 않을 것이다.
4. 선생님이 도착하자 모든 학생들이 말을 멈추었다.
5. 너는 편지를 다 쓴 후 놀러갈 수 있다.
6. 마리는 사라다에 소금을 넣는 것을 잊었다.
7. 당신은 비가 오기 전에 서둘러서 출발해야 할 것입니다.
8. 커피가 식고 있다. 빨리 마셔라.
9. 저는 막 외출하려던 참이었습니다.
10. 어제 산 양복을 나에게 보여주겠니?
11. 누가 피에르에게 이 점퍼를 빌려주었습니까?
12. 바지를 하나 사고 싶은데요.
13. 그 사람은 낡은 신을 신고 있습니다.
14. 이 외투는 유행이 지났다.
15. 그 하얀 원피스는 마리에게 어울리지 않습니다.
16. 나는 치마를 만들려고 옷감을 샀습니다.
17. 이 와이셔츠 입어봐도 될까요? (입어보다 essayer)
18. 피에르는 시골에 갈 때 어떤 옷을 입습니까?
19. 필요한 서류를 준비하는 것은 제가 담당하겠습니다.
20. 피에르는 6월에 휴가를 가기로 결정했습니다.

Nom : ____________________

Numéro : ____________________

EXERCICES 11

1. ______________________________

2. ______________________________

3. ______________________________

4. ______________________________

5. ______________________________

6. ______________________________

7. ______________________________

8. ______________________________

9. ______________________________

10. ______________________________

11. ______________________________

12. ______________________________

13. ______________________________

14. ______________________________

절 취 선

15. ______________________________

16. ______________________________

17. ______________________________

18. ______________________________

19. ______________________________

20. ______________________________

제12과 Pierre regarde les enfants jouer au ballon

문형 12 | **주어 + 동사 + 직접목적보어 + 동사원형**

• 이번 과에서 익히게 될 문형은 동사 다음에 목적보어와 동사원형이 동시에 나오는 문장 형태로 이때 목적보어나 동사원형 모두 전치사 없이 직접 쓰이는 문장으로 《주어 + 동사 + 직접목적보어 + 동사원형(sujet + verbe + complément d'objet direct + infinitif)》의 구성을 가지는 구문이다. 이러한 문형에 사용될 수 있는 동사는 '지각동사(verbes de perception)'라 일컬어지는 écouter, entendre, regarder, sentir, voir 등과 '사역동사(verbes factitifs)'라 불리어지는 faire, laisser, amener, conduire, emmener, envoyer 등이 있다.

Je *regarde* les enfants jouer au ballon.
(나는 아이들이 공놀이하는 것을 쳐다본다.)
J'*entends* Marie chanter. (나는 마리가 노래하는 것을 듣는다.)
Tu *as* déjà *vu* un ours monter dans un arbre ?
(너는 곰이 나무에 올라가는 것을 본 적이 있니 ?)
Le professeur *laisse* Pierre partir.
(선생님은 피에르가 떠나게 내버려 둔다.)
Pierre *fait* travailler Marie. (피에르는 마리가 일하게 한다.)
J'*envoie* Pierre chercher le médecin.
(나는 의사를 모셔오도록 피에르를 보낸다.)

• 본 문형에서 동사원형의 의미상 주어는 전체 문장의 주어가 되던 앞 과의 경우와는 달리 동사원형 바로 앞에 위치한 명사, 즉 주동사(verbe principal)의 직접목적보어가 동사원형의 의미상 주어가 된다. 또한 본 문형은 주동사의 직접목적보어가 나타나지 않아 마치 앞에서 이미 익힌 《주어 + 동사 + 동사원형》의 문형과 외형상 유사한 경우가 있을 수 있는데, 이 때에도 실제로는 주동사의 직접목적보어가 생략된 형태로서 동사원형의 의미상 주어는 마찬가지로 전체 문장의 주어가 아니라 생략된 명사가 되어 '누군가가' 혹은 '사람들이' 정도의 의미를 갖

게 된다.

J'*entends* Marie chanter cette chanson.

(나는 마리가 그 노래를 부르는 것을 듣는다.)

J'*entends* chanter cette chanson.

(나는 그 노래를 부르는 것을 듣는다.)

• 이 문형에서 좀더 살펴볼 점은 직접목적보어의 역할을 하는 명사와 동사원형의 어순인데 만약에 동사원형이 자신의 보어를 취하지 않는 자동사인 경우,

(1) 명사와 동사원형의 길이가 비슷할 경우 주동사 다음에 《명사+동사원형》이나 《동사원형+명사》의 어순이 모두 가능하다.

J'*entends* Marie chanter. = J'*entends* chanter Marie.

(2) 명사가 동사원형보다 길이가 길 때는 《동사원형+명사》의 어순을 취하는 것이 일반적이다.

J'*entends* chanter les enfants du voisin.

(나는 이웃집 아이들이 노래하는 것을 듣는다.)

그리고 동사원형이 타동사로 자신의 목적보어를 취할 때는 반드시 《명사+동사원형+동사원형의 목적어》의 어순을 취한다.

J'*ai* déjà *entendu* Pierre jouer ce morceau.

(나는 피에르가 이 곡을 연주하는 것을 들은 적이 있다.)

• 이 문형에서 또 한가지 관심을 두어야 할 점은 대명사의 위치이다. 본 문형에서 주동사의 직접목적어, 즉 동사원형의 의미상 주어가 되는 명사를 대명사로 바꿀 수 있는데 이때 대명사는 직접목적보어 인칭대명사의 형태를 가지며 그것의 위치는 주동사 앞이다.

Je *vois* Pierre courir. (나는 피에르가 달리는 것을 본다.)

Je *le vois* courir. (나는 그가 달리는 것을 본다.)

그리고 동사원형의 목적어를 대명사로 바꿀 때는 그 대명사의 위치는 자신이 목적어 역할을 하는 동사원형의 바로 앞에 위치한다.

J'ai déjà *entendu* Pierre jouer ce morceau.

J'*ai* déjà *entendu* Pierre *le* jouer.

❖ **Remarque** 본 문형에서 한 가지 주의할 사항은, faire 동사의 경우 그 어순이 항상 《주어+동사+동사원형+명사》의 순으로 이때 동사원형은 반드시 자동사여야 한다. 만약 faire 동사 다음에 오는 동사원형이 자동사가 아닌 타동사로서 목적어와 함께 나타날 때는 상기의 문형으로 쓰일 수 없고 반드시 다음의 예문과 같이 동사원형의 의미상 주어는 전치사 à나 par와 함께 쓰여야 한다.

Pierre *fait* nettoyer sa chambre *à* Marie.

(피에르는 자기 방을 마리가 청소하게 한다.)

Pierre *fait* écrire une lettre *par* Marie.

(피에르는 마리가 편지를 쓰게 한다.)

그리고 이 faire 동사의 경우는 동사원형의 목적어를 대명사로 바꿀 때는, 본 문형에 사용되는 다른 동사들과는 달리 주동사, 즉 faire 동사 앞에 위치한다.

Pierre fait nettoyer sa chambre à Marie.

Pierre *la* fait nettoyer à Marie.

어휘 12 식 기

식기 : couvert (*m*), service de table (*m* 식기 한 벌), vaisselle (*f* 특히 접시 종류)

숟가락 : cuiller (cuillère) (*f*), cuiller à soupe (보통 큰 숟가락), cuiller à café (작은 차 숟가락)

젓가락 : baguettes (*f. pl*)

포크 : fourchette (*f*)

칼, 나이프 : couteau (*m*)

접시 : assiette (*f*), assiette plate (납작한 접시), assiette creuse (수프용 움푹한 접시), assiette à dessert (후식 접시)

컵(유리잔) : verre

찻잔 : tasse

받침 접시(찻잔의) : soucoupe (*f*)

쟁반 : plateau (*m*)

물병 : bouteille (*f*), carafe (*f*)

주전자 : bouilloire (*f*), théière (*f*) (찻주전자)

커피포트 : cafetière (*f*)

공기, 대접, 주발, 사발 : bol (*m*)

냅킨 : serviette (*f*)

식탁 : table (*f*), mettre la table (식탁을 차리다)

식탁보 : nappe (*f*)

❖ 연습문제

1. 우리는 새들이 지저귀는 것을 듣고 있었다.
2. 나는 네가 들어오는 소리를 듣지 못했다.
3. 피에르는 주의깊게 아버지께서 그 사건에 대해 말씀하시는 것을 듣곤 했다.
4. 그 노인은 오랫동안 눈이 내리는 것을 바라보았다.
5. 가을에는 창 밖에 나뭇잎이 떨어지는 것이 보인다.
6. 손님들이 도착하는 게 보이니?
7. 사람들은 겨울이 오는 것을 느끼기 시작한다.
8. 그 도둑은 가슴이 뛰고 목이 죄여드는 것을 느꼈다.
9. 바람에 나뭇잎이 흔들린다.
10. 나는 이 텍스트를 학생들에게 번역시켰다.
11. 피에르는 그의 여동생을 울게 만들었다.
12. 나는 그 의사가 아이들을 진찰하도록 내버려 두었다.
13. 피에르의 아버지는 피에르가 방학 동안 혼자 여행하게 내버려 두었다.
14. 아이들이 성냥을 가지고 놀지 못하게 해라. 그건 매우 위험하다.
15. 피에르는 그의 아들을 빵을 사러 보냈다.
16. 나는 식기를 씻는 것을 끝냈다.
17. 너는 스프 먹을 숟가락을 놓지 않았구나.
18. 포크는 접시 왼쪽에 놓고 나이프와 스픈은 오른쪽에 놓는다.
19. 식사할 때 어머니는 아이들에게 냅킨을 해 준다.
20. 식탁이 잘 차려지지 않았다. 물병은 있는데 컵이 없다.
21. 커피잔이 모두 깨어져서 나는 이제 커피잔이 하나도 없다.
22. 그 요리사는 움푹한 접시에는 스프를 붓고 납작한 접시에는 생선을 놓습니다.

Nom : ____________________

Numéro : ____________________

EXERCICES 12

1. ______________________________
2. ______________________________
3. ______________________________
4. ______________________________
5. ______________________________
6. ______________________________
7. ______________________________
8. ______________________________
9. ______________________________
10. ______________________________
11. ______________________________
12. ______________________________
13. ______________________________
14. ______________________________

절 취 선

15. ______________________________

16. ______________________________

17. ______________________________

18. ______________________________

19. ______________________________

20. ______________________________

21. ______________________________

22. ______________________________

제 13 과 Pierre oblige Marie à travailler

문형 13 | **주어 + 동사 + 직접목적보어+à + 동사원형**

• 이번 과에서 익히게 될 문형은 12과에서처럼 동사 다음에 명사 형태의 직접목적보어가 오고 그 다음에 동사원형이 오는 구성인데 이번에는 동사원형이 직접 따라 나오는 것이 아니라 전치사 à와 함께 나타나는 《주어+동사+직접목적보어+à+동사원형(sujet+verbe+complément d'objet direct+à+infinitif)》의 형태의 문장이다. 이러한 문형에 나타날 수 있는 동사는 aider, amener, appeler, conduire, décider, employer, forcer, obliger, occuper, pousser, préparer, dépenser, gagner, passer, perdre 등이다.

Marie *aide* sa mère à préparer le dîner.
(마리는 어머니께서 저녁 식사를 준비하는 것을 돕는다.)
Son métier *oblige* Pierre à voyager.
(피에르의 직업이 피에르로 하여금 여행하게 만든다.)
Pierre *décide* Marie à venir chez lui.
(피에르는 마리에게 그의 집으로 올 결심을 시킨다.)
Vos conseils m'*ont conduit* à rester.
(당신의 충고가 나를 남아 있게 했습니다.)
Pierre *passe* son temps à travailler.
(피에르는 공부하며 시간을 보낸다.)

• 이 문형에서 대부분의 동사의 경우 직접목적보어가 전치사 à 다음에 오는 동사원형의 의미상 주어가 된다. 그러나 dépenser, gagner, passer, perdre 등의 동사는 전체 문장의 주어가 동사원형의 주어가 된다.

Pierre *aide* sa soeur *à* travailler.
(피에르는 여동생이 공부하는 것을 도와준다.)
Pierre *perd* son temps *à* jouer.
(피에르는 노는 데 시간을 허비한다.)

어순은 동사 다음 직접목적보어가 오고 그 다음에 전치사 à와 동사원형이 위치하는 것이 원칙이지만 직접목적보어가 동사원형보다 긴 경우 동사원형 다음에 직접목적보어가 올 수도 있다.

On a obligé tous ceux qui étaient là à sortir.

On a obligé à *sortir tous ceux qui* étaient là.

(거기에 있던 모든 사람들을 나가게 했다.)

본 문형에 사용되는 동사들은 자주 수동형이나 대명동사로 쓰인다.

Il a été amené/appelé/conduit/poussé à accepter.

(그는 승락하기에 이르렀다.)

그리고 한 동사가 수동형과 대명동사 둘 다 사용되는 경우, 수동형은 완료상(aspect accompli)을, 대명동사는 미완료상(aspect inaccompli)을 나타낸다.

Pierre est décide à travailler. (피에르는 일하기로 결심을 했다.)

Pierre se décidé à travailler. (피에르는 일하기로 결심한다.)

❖ **Remarque** 수동형이나 대명동사로 나타나는 경우, 동사 forcer와 obliger의 대명동사 형태는 전치사 à와 함께 사용되지만 (se forcer à *inf.*, s'obliger à *inf.*) 수동형의 경우 동사원형은 전치사 de와 함께 쓰이는 것이 더 일반적이다. (être forcé de+*inf.*, être obligé de+*inf.*).

Pierre *s'oblige à faire* ce travail. (피에르는 이 일을 하기로 약속한다.)

Pierre *est obligé de partir.* (피에르는 떠나야 한다.)

또 한가지 주의할 사항은 본 문형에 속하는 être occupé à나 s'occuper à는 11과에 나온 s'occuper de와는 의미가 다르다는 점이다.

La secrétaire *s'occupe à* classer des fiches.

(여비서는 서류를 분류하는 데 열중하고 있다.)

La secrétaire *s'occupe de* classer des fiches.

(여비서는 서류를 분류하는 것을 담당하고 있다.)

어휘 13 조리기구, 부엌가구

조리기구 : ustensile (*m*) (de cuisine)
남비 : casserole (*f*) (막대형 손잡이가 하나 달린 남비), marmite (*f*)
남비뚜껑 : couvercle (*m*)
프라이팬 : poêle (*f*) (à frire)
칼 : couteau (*m*)
도마 : planche (*f*) à découper
국자 : louche (*f*)
조리, 물 빼는 기구 : passoire (*f*)
깔때기 : entonnoir (*m*)
밥솥 : cuiseur (*m*) de riz
압력밥솥 : autocuiseur (*m*), cocote-minute (*f*)
커피포트 : cafetière (*f*)
커피 분쇄기 : moulin (*m*) à café, moulin à poivre (후추를 가는 기구)
미서 : robot (*m*)
오븐 : four (*m*), four électrique (전기오븐), four à gaz (가스오븐), four à micro-ondes (전자오븐)
렌지 : cuisinière (*f*), cuisinière électrique (전기렌지), cuisinière à gaz (가스렌지), cuisinière 4 feux gaz, cuisinière électrique 3 plaques, cuisinière mixte
렌지 후드 : hotte (*f*)
토우스트기 : grille-pain (*m*)
병마개 따개 : ouvre-bouteille (*m* 사이다나 콜라병 등의 마개를 따는 것), tire-bouchon (*m* 포도주 병 등 코르크로 된 병마개 뽑이)
냉장고 : réfrigérateur (*m*), frigo (*m*)
씽크대 : évier (*m*)
조리대 : planche de travail
수도꼭지 : robinet (*m*) (d'eau)
쓰레기통 : poubelle (*f*)
요리책 : livre (*m*) de cuisine, livre de recettes

❖ 연 습 문 제

1. 피에르는 마리가 짐을 옮기는 것을 도와주었다.
2. 너의 동생이 네가 음식을 만드는 것을 도와주었니?
3. 그 토론은 내가 이 문제를 해결하는 데 많은 도움이 되었다.
4. 그로 하여금 그러한 결정을 취하도록 유도한 것은 그의 아버지이다.
   (유도하다 amener à)
5. 피에르는 법정에 출두해야 한다.
6. 나는 마침내 부모님께서 그 여행을 하게 결심하시도록 만들었다.
7. 그는 소설을 쓰는 데 전념했다. (전념하다 s'emloyer à)
8. 피에르를 억지로 일어서게 하지 마라.
9. 나는 억지로라도 이 약을 삼켜야 한다.
10. 피에르의 어머니는 매일 저녁 피에르가 목욕하도록 강요한다.
11. 나는 약속이 있어서 가야 합니다.
12. 자동차가 고장이 나서 정비소까지 밀고 가야 했었다.
    (고장이 나다 être〔tomber〕 en panne)
13. 그 사람으로 하여금 이 범행을 저지르게 만든 동기가 무엇입니까?
14. 네가 초인종을 눌렀을 때 우리는 외출하려고 준비하고 있었다.
15. 나는 너를 찾는 데 한 시간을 허비했다.
16. 나는 이 차를 고치는 데 나흘을 보냈다.
17. 피에르야, 냉장고에서 고기를 꺼내라.
18. 그의 아내는 크기 순으로 그녀의 모든 남비를 싱크대 위쪽에 매달아 놓았다.
    (크기 순으로 par ordre de taille)
19. 마리는 버터를 한 조각 프라이팬에 넣는다.
20. 어머니께서 어제 가스렌지를 사셨습니다.
21. 케익을 서둘러 오븐에 넣어라.
22. 누가 쓰레기통을 비우러 가겠니?

Nom : ____________________

Numéro : ____________________

EXERCICES 13

1. ____________________

2. ____________________

3. ____________________

4. ____________________

5. ____________________

6. ____________________

7. ____________________

8. ____________________

9. ____________________

10. ____________________

11. ____________________

12. ____________________

____

13. ____________________

절 취 선

14. ______________________________

15. ______________________________

16. ______________________________

17. ______________________________

18. ______________________________

____

19. ______________________________

20. ______________________________

21. ______________________________

22. ______________________________

제 14 과 Pierre excuse Marie d'être en retard

문형 14 | **주어 + 동사 + 직접목적보어 + de + 동사원형**

• 이번 과에서 익히게 될 문장형태는 주동사 다음에 명사로 된 직접목적보어가 오고 다음에 동사원형이 전치사 de와 함께 나타나는《주어+동사+직접목적보어+de+동사원형(sujet+verbe+complément d'objet direct+de+infinitif)》의 문형이다. 이러한 문형에 사용될 수 있는 동사에는 charger, empêcher, excuser, punir, plaindre 등이 있다.

Maric *excuse* son ami d'être en retard.
(마리는 그의 친구가 늦은 것을 용서해 준다.)
J'*ai empêché* mon frère de regarder la télévision.
(나는 내 동생이 텔레비전 보는 것을 방해했다.)

전치사 de와 함께 쓰인 동사원형의 의미상 주어는 상기의 예문에서 관찰할 수 있듯이 동사원형 앞에 있는 주동사의 직접목적보어이다.

본 구문에서 직접목적보어는 생략되어 나타나지 않을 수도 있다. 이 경우 보통 동사원형의 주어는 특정인물이 아니라 일반적인 의미로 '사람들이'의 의미가 된다.

Ce vêtement empêche de prendre froid.
(이 옷은 감기가 드는 것을 막아준다.)

어휘 14 | **운송, 교통수단**

교통수단 : moyens (*m. pl*) de transport
자동차 : voiture (*f*), automobile (*f*), voiture de sport (스포츠카)

버스 : autobus (*m*), bus (*m*), autocar (*m*) / car (*m*) (관광버스 따위)

기차 : train (*m*)

배 : bateau (*m*)

비행기 : avion (*m*), avion supersonique (초음속 비행기)

지하철 : métro (*m*)

택시 : taxi (*m*)

트럭 : camion (*m*), poids lourd (*m*) (대형트럭), camion-citerne (*m*) (유조차)

오토바이 : motocyclette (=moto) (*f*)

자전거 : bicyclette (*f*), vélo (*m*), bécane (*f*)

구급차 : ambulance (*f*)

여객선 : paquebot (*m*), transatlantique (*m*) (대형 여객선)

화물선 : cargo (*m*)

어선 : bateau (*m*) de pêche

전함 : bateau de guerre

항공모함 : porte-avions (*m*)

잠수함 : sous-marin (*m*)

유조선 : citerne (*f*), pétrolier (*m*)

해적선 : navire corsaire (*m*)

유람선 : croisière (*f*)

쾌속선 : vedette (*f*)

모터보트 : hors-bord (*m*), canot à moteur (*m*)

보트 : barque (*f*)

범선 : voilier (*m*)

요트 : yacht (*m*)

뗏목 : radeau (*m*)

헬리콥터 : hélicoptère (*m*)

제트기 : avion à réaction (*m*)

인공위성 : setellite (artificiel)(*m*)

우주왕복선 : navette spatiale (*f*)

로켓트 : fusée (*f*)

❖ 연습문제

1. 우리는 모든 사람에게 모임을 알리는 것을 피에르에게 맡겼다.
2. 피에르에게 그 문제에 대한 보고서를 제출하는 일이 맡겨졌었다.
3. 트럭이 자동차가 지나가는 것을 막고 있다.
4. 그 영화가 너무 슬퍼서 마리는 울음을 참을 수 없었다.
5. 나는 당신이 나에게 미리 알리는 것을 잊은 것을 용서합니다.
6. 늦어서 죄송합니다.
7. 선생님은 피에르가 컨닝을 했기 때문에 벌을 주었습니다.
8. 나는 마리의 아들이 늘 아프기 때문에 마리를 동정한다.
9. 왕자는 공주가 성에 갇혀 있는 것을 가엾게 여깁니다.
10. 길에는 트럭과 자동차들이 줄이어 간다.
11. 매일 아침 일하러 갈 때 나는 내 차를 타고 간다.
12. 너는 새 차를 사겠니, 아니면 중고차를 사겠니?
    (중고차 voiture d'occasion)
13. 피에르는 비행기가 하늘을 날아다니는 것을 보는 것을 좋아한다.
14. 파리행 비행기는 6시 30분에 도착합니다.
15. 나는 배를 탄 적이 한번도 없다.
16. 너는 기차로 여행하는 것이 좋니, 비행기로 여행하는 것이 좋니?
17. 피에르는 트럭을 운전해 본 적이 있습니까?
18. 고등학교 앞 인도에는 자전거보다 오토바이가 더 많이 있습니다.
19. 가장 가까운 택시 정류장이 어디에 있습니까?
20. 아프리카로 가려면 마르세이유에서 배를 타야 한다.
21. 수평선에 어선이 여러 척 보인다.
22. 최초의 인공위성은 1957년 소련에 의해 발사되었습니다.

Nom : ________________

Numéro : ____________________

EXERCICES 14

1. ______________________________

2. ______________________________

3. ______________________________

4. ______________________________

5. ______________________________

6. ______________________________

7. ______________________________

8. ______________________________

9. ______________________________

10. ______________________________

11. ______________________________

12. ______________________________

13. ______________________________

14. ______________________________

절 취 선

15. ______________________________

16. ______________________________

17. ______________________________

18. ______________________________

19. ______________________________

20. ______________________________

21. ______________________________

22. ______________________________

____

제15과 Pierre demande à Marie de venir

문형 15 | **주어 + 동사 + 간접목적보어 + de + 동사원형**

• 이번 과에서 익히게 될 문장 형태는 동사원형이 나오는 문형의 마지막 형태로 주동사 다음에 간접목적보어가 나오고 그 다음에 동사원형이 전치사 de와 함께 나타나는 《주어+동사+간접목적보어+de+동사원형(sujet+verbe+complément d'objet indirect+de+infinitif)》의 문장 구성이다. 이러한 문형에 나타날 수 있는 동사에는 commander, crier, défendre, demander, dire, écrire, pardonner, permettre, rappeler, répondre, télégraphier, téléphoner, offrir, promettre, se plaindre 등이 있다.

Pierre *demande* à Marie de venir.
(피에르는 마리에게 오기를 요구한다.)
Pierre *dit* à son ami d'aller voir un film.
(피에르는 그의 친구에게 영화를 보러 가라고 말한다.)
Ils *ont téléphoné* au médecin de venir.
(그들은 의사에게 오라고 전화했다.)
Pierre *permet* à sa fille de sortir le soir.
(피에르는 그의 딸에게 저녁에 외출하는 것을 허락한다.)
Le père *promet* à sa fille de lui acheter une voiture.
(아버지는 그의 딸에게 자동차를 사주겠다고 약속한다.)

• 본 문형에 쓰이는 동사들은 대부분 그 의미에 있어서 명령을 나타내는 동사로서 동사원형의 의미상 주어는 대부분의 경우 간접목적보어이다. 그러나 offrir 동사는 간접목적어뿐만 아니라 문장 전체의 주어도 뒤에 나타나는 동사원형의 의미상 주어가 될 수 있어 두 가지 해석이 다 가능하다.

Pierre *offre* à Marie de visiter le musée.
(피에르는 마리에게 그녀가 미술관을 구경할 것을 제의한다/
피에르는 마리에게 자기가 미술관을 구경할 것을 제의한다.)

그리고 다른 한편으로는 상기의 동사 중 promettre, se plaindre 등의 동사처럼 뒤에 나오는 동사원형의 의미상 주어가 간접목적보어가 아니라 전체 문장의 주어가 되는 경우도 있다.

Pierre *pormet* à sa femme de ne pas boire de vin.
(피에르는 아내에게 술을 마시지 않겠다고 약속한다.)
Pierre *se plaint* à Marie d'être malade.
(피에르는 마리에게 자기가 아픈 것에 대해 불평을 한다.)

본 문형에서 간접목적보어는 생략되어 나타나지 않을 수도 있다.
Ils ont téléphoné de venir. (그들은 오라고 전화했다.)
Il promet de rendre le livre. (그는 책을 돌려주겠다고 약속한다.)

대부분의 경우 'de+동사원형'을 대명사로 바꿀 경우 'le'가 된다.
Il demande à Marie de venir (그는 마리에게 오라고 요구한다.)
Il *le* demande à Marie. (그는 마리에게 그것을 요구한다.)

Il promet à son père d'aller à l'école.
(그는 아버지에게 학교에 가겠다고 약속한다.)
Il *le* promet à son père. (그는 그것을 아버지에게 약속한다.)

그러나 se plaindre 동사 뒤에 오는 'de+동사원형'을 대명사로 바꿀 때 'en'이 된다는 점에 유의해야 한다.
Pierre se plaint à Marie d'être malade.
Pierre s'*en* plaint à Marie.

어휘 15 도로, 교통

교통 : circulation (*f*), trafic (*m*)
도로 : route (*f*); route nationale (국도); route départementale (지방도)
고속도로 : autoroute (*f*)
길 : chemin (*m*), rue (*f*), avenue (*f*) (대로), boulevard (*m*) (대로)

보도 : trottoir (*m*)

철도 : chemin de fer (*f*)

수로 : canal (*m*)

활주로 : piste (*f*)

터널 : tunnel (*m*)

역 : gare (*f*) (기차역), station (*f*) de métro (지하철역), arrêt d'autobus (*m*) (버스정류장)

공항 : aéroport (*m*), aérogare (*f*) (공항 청사)

갈아타는 곳 : correspondance (*f*)

정비소 : garage (*m*)

주유소 : station-service (*f*)

대합실 : salle (*f*) d'attente

관제탑 : tour (*f*) de contrôle

조종사 : pilote (*m*)

비행기 승무원, 스튜어디스 : hôtesse (*f*) de l'air

행인 : piéton (piétonne)

승객 : passager (*m*) (비행기 승객), voyageur (*m*) (철도, 선박, 자동차 승객)

화물 : marchandise (*f*)

횡단보도, 건널목 : passage piéton (*m*), passage clouté (*m*)

신호등 : feux tricolores (*m. pl*)

교통 표지판 : panneau (*m*); panneau de stop (멈춤/정지 표지판)

교통법규 : code (*m*) de la route

교통 순경 : agent (*m*) de la circulation

교통사고 : accident (*m*) de la circulation

러시아워 : heures (*f. pl*) d'affluence, heures de pointe

❖ 연 습 문 제

1. 피에르의 부모님은 피에르를 써커스에 데리고 가겠다고 약속하셨다.
2. 그 여비서는 자기 월급이 적다고 늘 자기 남편에게 불평을 늘어놓는다.
3. 선생님께서 학생들에게 조용히 하기를 요구하신다.
4. 그 편지를 즉시 부치라고 그에게 말하시오. (편지를 부치다 poster)
5. 나는 너희들이 도로에서 노는 것을 금지시킨다.
6. 의사는 피에르에게 수술 후 일주일 간 외출을 금지시켰다.
7. 내가 피에르에게 나를 기다리라고 소리쳤을 때 피에르는 이미 너무 멀리 있었다.
8. 수위는 피에르가 문 앞에 주차하는 것을 허락했다.
9. 필립의 부모님은 필립이 생일날 친구들을 집에 초대하는 것을 승낙했다.
10. 선생님은 학생들에게 책을 꺼내라고 하셨다.
11. 버릇없이 군 것을 용서해 주십시오. (버릇없이 굴다 se conduire mal)
12. 이번 주말에 교통사고가 매우 많았다.
13. 로마에서 오는 기차가 역에 들어온다.
14. 시청까지 가려면 지하철 역을 여기서부터 일곱 개 지나가야 합니다.
15. 나는 길을 가다가 내 친구를 만났다.
16. 비행기는 10시에 출발하지만 승객들은 8시에 공항에 나와 있어야 한다.
17. 나는 고속도로보다 작은 도로를 더 좋아한다.
18. 나는 브레이크를 고치려고 차를 정비소에 가져갔다.
19. 우리는 신호등 빨간 불을 그냥 지나갔지만 다행히도 교통경찰이 없었다.
20. 토요일에는 도로가 복잡하다.
21. 비행기가 활주로를 달려간다. 이 비행기는 곧 이륙할 것이다.

Nom : ________________

Numéro : ________________

EXERCICES 15

1. ____________________

2. ____________________

3. ____________________

4. ____________________

5. ____________________

6. ____________________

____

7. ____________________

8. ____________________

9. ____________________

____

10. ____________________

11. ____________________

12. ____________________

절 취 선

13. ______________________________

14. ______________________________

15. ______________________________

16. ______________________________

____

17. ______________________________

18. ______________________________

19. ______________________________

20. ______________________________

21. ______________________________

제16과 Pierre espère que Marie viendra demain

문형 16 | **주어 + 동사 + que + 직설법**

• 이번 과에서 익히게 될 문형은 동사의 보어 역할을 하는 요소가 명사나 동사원형이 아니라 종속절, 즉 보어절(complétive)인 경우로 보어절에 직설법이 사용되는 《주어+동사+종속접속사 que+직설법(sujet+verbe+que+indicatif)》 형태의 문장이다. 이러한 문형에 사용될 수 있는 주요 동사는 (A) ajouter, apprendre comprendre, lire, oublier, remarquer, savoir, trouver, s'apercevoir, se rendre compte; (B) compter, croire, espérer, juger, penser, se rappeler, reconnaître; (C) entendre, sentir, voir 등이다.

J'ai *remarqué* qu'il n'*était* pas là.
(나는 그가 거기에 없다는 것을 알았다.)
Je *trouve* que c'*est* facile.
(나는 그것이 쉽다고 생각한다.)
Pierre *oublie* que Marie a déjà *téléphoné.*
(피에르는 마리가 이미 전화를 한 것을 잊고 있다.)
J'*ai lu* qu'on *avait arrêté* le voleur.
(나는 그 도둑을 체포했다는 것을 읽었다.)
Il *se rend compte* qu'il *a eu* tort.
(그는 자기가 틀렸었다는 것을 깨닫는다.)
Je *pense* que j'*ai réussi.*
(나는 내가 성공했다고 생각한다.)
Pierre *espère* que Marie *viendra.*
(피에르는 마리가 오리라 기대한다.)
J'*entends* qu'on *m'appelle.*
(나는 누가 나를 부르는 것을 듣는다.)

• 우선 이 문형에서 주목할 점은 주절의 주어와 종속절의 주어가 동일한 경우

(B)에 속해 있는 동사의 경우 종속절 대신에 동사원형을 쓸 수도 있다는 점이다(제 9 과 참조).

Pierre espère que Marie viendra.

Pierre espère qu'il viendra. = Pierre espère venir.

(피에르는 (자기가) 오기를 희망한다.)

Je crois que je comprend. = Je crois comprendre.

(나는 (내가) 이해한다고 생각한다.)

그러나 (A)에 속해 있는 동사들은 주절의 주어와 종속절의 주어가 동일하더라도 종속절 대신 동사원형을 쓸 수 없고 반드시 종속절을 써야 한다.

Marie oublie qu'elle a déjà téléphoné.

(마리는 자기가 이미 전화를 했다는 것을 잊고 있다.)

다른 한편 (C)에 속해 있는 동사들은 주절의 주어와 종속절의 주어가 서로 다른 경우에만 종속절 대신 동사원형이 나올 수 있고 (제12과 참조), 주절의 주어와 종속절의 주어가 동일한 경우는 반드시 종속절을 써야 한다.

Je sens que la fièvre monte. = Je sens la fièvre monter.

(나는 열이 오르는 것을 느낀다.)

Je vois que je n'y arrive pas.

(나는 내가 그것에 도달하지 못한다는 것을 깨닫고 있다.)

그리고 또 한가지 주목할 점은 (B)에 속하는 동사들은 의견동사(verbes d'opinion)들로 부정문이나 도치 의문문의 경우 종속절에는 흔히 직설법 대신 접속법이 쓰인다.

Je pense qu'il viendra.

Je *ne pense pas* qu'il *vienne.*

Pensez-vous qu'il *vienne* ?

어휘 16 가전제품

가스렌지 : cuisinière (à gaz) (*f*)

계산기 : calculatrice (*f*)

건전지 : pile (*f*)

냉장고 : réfrigérateur (*m*), frigo (*m*)

녹음기 : magnétophone (*m*)
다리미 : fer (à repasser) (*m*)
라디오 : radio (*f*), poste (*m*) de radio, radio-cassette (*f*) (카세트 라디오), transistor (*m*) (트랜지스터)
레코드 : disque (*m*)
리모콘 : télécommande (*f*), commande (*f*) à distance
비디오 : magnétoscope (*m*)
비디오 테이프 : cassette vidéo (*f*)
사진기 : appareil-photo (*m*)
세탁기 : machine (*f*) à laver, lave linge (*m*)
스피커 : enceinte (*f*), haut-parleur (*m*)
재봉틀 : machine (*f*) à coudre
전기면도기 : rasoir électrique (*m*)
전자렌지 : four micro-ondes (*m*)
전축, 오디오 : chaîne hi-fi
전화기 : téléphone (*m*), téléphone (*m*) sans fil (무선전화기)
진공청소기 : aspirateur (*m*)
카세트 : baladeur (*m*)
카세트 테이프 : cassette (*f*)
커피포트 : cafetière (*f*)
컴팩트 디스크 플레이어 : platine laser (*f*)
컴팩트 디스크(CD) : disque compact (*m*)
컴퓨터 : ordinateur (*m*)
턴테이블 : platine disque (*f*)
텔레비전 : télévision (*f*), téléviseur couleur (*m*) (칼라 텔레비전), TV couleur, poste de télévision
헤드폰 : casque (*m*)
헤어드라이어 : sèche-cheveux (*m*)

❖ 연 습 문 제

1. 나는 당신이 시험에 합격했다는 소식을 들었습니다.
2. 나는 네가 우리 집에 오기를 원하지 않았다는 것을 분명히 간파했다.
3. 어디에서인지는 모르겠지만 나는 그것이 아주 좋은 영화였다는 것을 읽었다.
4. 피에르는 그의 부모님께서 오늘 저녁 오신다는 것을 까맣게 잊고 있었다.
5. 너는 그 여비서가 결혼한 사실을 알았니?
6. 당신은 피에르가 옳다고 생각하십니까?
7. 변호사는 그 증인이 거짓말을 한다고 생각했다.
8. 우리는 마리의 소식을 전혀 듣지 못했다. 그녀가 잘 도착했기를 바란다.
9. 당신이 기다리는 것이 낫다고 판단하신다면, 그럼 기다립시다.
10. 나는 그것이 하기에 아주 어려운 일이라고 생각하지 않습니다.
11. 정확한 날짜는 잊었지만 날씨가 매우 추웠다는 것은 기억합니다.
12. 두 시간의 토론 끝에 피에르는 마침내 자기가 틀렸다는 것을 시인했다.
13. 그 어부는 바다가 우르렁거리는 소리를 듣는다. (우르렁거리다 gronder)
14. 나는 두통이 또 오리라는 것을 느낀다.
15. 나는 그가 오지 않으리라는 것을 느꼈다.
16. 나는 절대로 텔레비전을 보지 않는다. 나는 영화관에 가는 것을 더 좋아한다.
17. 당신은 라디오에서 뉴스를 들었습니까? — 아니오, 나는 텔레비전을 보았습니다.
18. 냉장고에 얼음이 있습니까?
19. 조심하세요! 다리미가 너무 뜨거워 와이셔츠가 타겠습니다.
20. 이 사진기 어떻게 찍니? — 오른쪽 단추를 눌러.
21. 피에르는 방금 콤팩트 디스크 플레이어와 콤팩트 디스크 10장을 샀다.

Nom : ________________

Numéro : ____________________

EXERCICES 16

1. ______________________________

2. ______________________________

3. ______________________________

4. ______________________________

5. ______________________________

6. ______________________________

7. ______________________________

____

8. ______________________________

9. ______________________________

10. ______________________________

11. ______________________________

12. ______________________________

13. ______________________________

절 취 선

____

14. ____

15. ____

16. ____

17. ____

18. ____

19. ____

20. ____

21. ____

제17과 Je veux que tu viennes

문형 17 | **주어 + 동사 + que + 접속법**

• 불어의 동사변화 가운데 양태(modalité)를 반영하는 서법(mode)에는 실제로 일어난 사실로 간주하여 기술하는 직설법(indicatif) 이외에도 화자의 머리 속에서만 생각되는 접속법(subjonctif)이 있다. 이번 과에서는 16과에서 살펴본 것과는 달리 동사의 보어 역할을 하는 종속절에 직설법이 아닌 접속법이 사용되는 《주어+동사+que+접속법(sujet+verbe+que+subjonctif)》의 형태를 가지는 문형을 익히게 될 것이다. 보어절에 직설법을 쓸 것인지 아니면 접속법을 쓸 것인지는 주절의 동사에 의해 좌우되는데 보어절에 접속법이 나타나는 본 문형에 사용될 수 있는 동사에는 aimer, aimer mieux, attendre, comprendre, falloir, préférer, valoir mieux, vouloir, vouloir bien, se moquer, regretter, désirer, souhaiter, avoir peur 등이 있다.

Je *veux* que tu *viennes.* (나는 네가 오기를 원한다.)
J'*aimerais mieux* que tu *sois* là.
(나는 네가 거기에 있는 것이 더 낫다고 생각한다.)
Pierre *comprend* que Marie *ait attrapé* froid.
(피에르는 마리가 왜 감기에 걸렸는지 안다.)
Le professeur *préfère* que ses élèves *arrivent* à l'heure.
(선생님은 학생들이 제시간에 도착하는 것을 좋아하신다.)
Il *vaux mieux* que tu *restes* à la maison.
(네가 집에 있는 편이 더 낫다.)

• 본 문형에서 주목할 점은 이 문형에 사용되는 aimer, préférer, vouloir 등의 동사의 경우에 있어서 주절의 주어와 보어절의 주어가 서로 다른 사람이어야 한다는 것이다. 다시 말해 주절의 주어와 종속절인 보어절의 주어가 동일한 사람인 경우는 보어절을 사용할 수 없고 대신에 반드시 동사원형을 써야 한다는 것이다(제9과 참조).

Pierre *veut* que Paul *parte.* (피에르는 폴이 떠나기를 원한다.)
Pierre *veut* qu'il *parte.*
(피에르는 그(=피에르가 아닌 다른 사람, 예를 들면 폴)가 떠나기를 원한다.)
Pierre *veut partir.* (피에르는 (자기가) 떠나기를 원한다.)

• 다른 한편 attendre, se moquer 등의 동사의 경우에는 주절의 주어와 보어절의 주어가 동일 인물일 수 있다. 그리고 만약 같은 사람일 경우 보어절 대신에 전치사 de와 함께 동사원형을 쓸 수도 있다(제11과 참조).

Pierre *a attendu* que Paul *ait* un peu plus d'argent.
(피에르는 폴이 좀더 돈을 많이 가지고 있기를 기대했다.)
Pierre *a attendu* qu'il *ait* un peu plus d'argent.
(피에르는 그 (=피에르 혹은 폴)가 좀더 돈을 많이 가지고 있기를 기대했다.)
Piere *a attendu d'avoir* un peu plus d'argent.
(피에르는 (자기가) 좀더 돈을 많이 가지고 있기를 기대했다.)

그리고 comprendre 같은 동사는 어떠한 형태로든 동사원형과는 함께 사용될 수 없고 보어절의 주어가 주절의 주어와 동일하든 그렇지 않든간에 항상 보어절을 요구한다. 끝으로 falloir나 valoir mieux와 같은 동사의 경우 주절의 주어는 비인칭 'il'이 된다는 점에 주의해야 한다.

Il faut que Pierre *reste* chez lui.
(피에르는 자기 집에 남아 있어야 한다.)
Il vaut mieux que Pierre *parte* tout de suite.
(피에르가 즉시 떠나는 것이 더 낫다.)

어휘 17 문구류, 사무용품

가방 : sac (*m*), 여행가방 : sac (*m*) de voyage, valise (*f*), 책가방 : sac de cours, cartable (*f*), gibecière (*f*), 배낭 : sac à dos, 서류가방 : serviette (*f*)

가위 : ciseaux (*m. pl*)

공책 : cahier (*m*); cahier d'essai (연습장)

만년필 : stylo (*m*)

매직펜 : marqueur (*m*)

메모리펜 : stylo surligneur (*m*), surligneur (*m*)
물감 : peinture (*f*)
볼펜 : bille (*f*), stylo à bille
분필 : craie (*f*)
붓 : pinceau (*m*)
사전 : dictionnaire (*m*)
색연필 : crayon de couleur
싸인펜 : feutre (*m*)
압핀 : punaise (*f*)
연필 : crayon (*m*)
연필깎기 : taille-crayons (*m*)
자 : règle (*f*)
종이 : feuille (*f*)
지우개 : gomme (*f*)
문방구 : papeterie (*f*)
책 : livre (*m*)
책장 : bibliothèque (*f*)
칠판, 흑판 : tableau noir (*m*)
컴퓨터 : ordinateur (*m*)
크레용 : crayon feutre (*m*)
클립 : trombone (*m*)
타자기 : machine à écrire
테이프 : ruban adésif (*m*); adésif transparent (스카치 테이프)
파스텔 : crayon pastel (*m*)
풀 : colle (*f*)
필통 : trousse (*f*), fourre-tout (*m*)
화일 : classeur (*m*)

❖ 연습문제

1. 나는 사람들이 그런 어조로 내게 대답하는 것을 그리 좋아하지 않는다.
(그런 어조로 sur ce ton)
2. 그는 사람들이 자기 주위에 있어 행복해 하는 것을 좋아한다.
3. 나는 마리하고 둘이서만 이야기할 것이 있으므로 네가 밖에서 나를 기다렸으면 한다. (단 둘이서만 seul à seul)
4. 나는 네가 그와 쓸데없이 충돌하는 것보다 입 다물고 있기를 더 원한다.
(충돌하다 heurter)
5. 피에르는 사람들이 자기를 방해하지 않기를 원한다.
6. 점원은 내가 책값을 수표로 지불하는 데 동의한다.
7. 피에르야, 우리 수영장에 가는 것 어떠니?
8. 아이들은 피에르가 써커스에 데려가 주기를 원한다.
9. 주민들은 하루 종일 비가 오기를 원했다.
10. 나는 영화관에 갈 수 없어. 숙모님을 만나뵈러 가야해.
11. 너 정말 떠나야 하니?
12. 피에르가 오지 않는 것이 더 낫다.
13. 늦지 않으려면 즉시 출발하는 것이 좋다.
14. 나는 비가 그치기를 기다린다.
15. 나는 당신이 만족하지 않는 것에 개의치 않습니다.
(개의치 않다 se moquer que)
16. 받아쓰기가 끝나자 선생님께서 공책을 거두셨습니다.
17. 책들은 책장에 어떻게 정리되어 있습니까?
18. 선생님은 붉은 싸인펜으로 틀린 부분에 밑줄을 긋습니다.
19. 마리는 편지를 쓰기 전에 연필을 깎습니다. (깎다 tailler)
20. 교실에서 선생님은 분필로 칠판에 글을 씁니다.
21. 직선은 자로 그을 수 있습니다.
22. 내 필통에는 연필 한 자루, 싸인펜 두 자루, 볼펜 세 자루가 있습니다.

Nom : ____________________

Numéro : ____________________

EXERCICES 17

1. ____________________

2. ____________________

3. ____________________

____

4. ____________________

5. ____________________

6. ____________________

7. ____________________

8. ____________________

9. ____________________

10. ____________________

11. ____________________

12. ____________________

13. ____________________

절 취 선

14. ______________________________

15. ______________________________

16. ______________________________

17. ______________________________

18. ______________________________

19. ______________________________

20. ______________________________

21. ______________________________

22. ______________________________

제 18 과 Pierre dit à Marie qu'il part pour la France

문형 18 | 주어 + 동사 + 간접목적보어 + que + 직설법

• 이번 과에서 익히게 될 문장 형태는 주절의 동사 다음에 종속절인 보어절이 나타나는 형태로 제 16 과에서 살펴본 문형과 유사하지만 본 문형에서는 보어절 이외에도 간접목적보어가 나타난다는 점에 있어 약간의 차이가 있다. 이때 동사 뒤에 나타나는 요소의 순서는 일반적으로 간접목적보어가 먼저 오고 그 뒤에 보어절이 따라 나온다. 따라서 문장 형태는 《주어 + 동사 + 간접목적보어 + que + 직설법(sujet + verbe + complément d'objet indirect + que + indicatif)》가 된다. 이 문형에서는 간접목적보어는 전치사 à를 동반하는 명사이며 대부분의 경우 간접목적보어로 쓰인 명사는 사람을 가리키는 명사이다. 본 문형에 사용될 수 있는 동사에는 apprendre, cacher, crier, dire, écrire, expliquer, lire, montrer, promettre, se plaindre, raconter, rappeler, répéter, répondre, téléphoner 등이 있다.

Pierre *dit* à Marie qu'il est obligé de partir.
(피에르는 마리에게 그가 떠나야 한다고 말한다.)
Pierre *répète* à Marie qu'il lui écrira.
(피에르는 마리에게 편지를 쓰겠다고 거듭 말한다.)
Il *explique* à l'agent qu'il n'a pas vu le feu rouge.
(그는 교통순경에게 빨간 불을 보지 못했다고 설명한다.)
Il téléphone à sa femme qu'il a manqué son train.
(그는 기차를 놓쳤다고 아내에게 전화한다.)
Il lui *apprend* qu'il est reçu.
(그는 자기가 합격했다고 그녀에게 알려준다.)
Marie leur *montre* que c'est facile.
(마리는 그들에게 그것이 쉽다는 것을 보여준다.)
Pierre *promet* à Marie qu'il viendra demain.
(피에르는 마리에게 내일 오겠다고 약속한다.)

본 문형에 사용되는 동사들은 대부분 의미에 있어서 다른 사람에게 무엇인가를 알려주는 의미 내용을 가지는 동사(verbes déclaratifs)이다.

• 본 문형에서 우선 주목할 점은 간접목적보어는 생략되어 나타나지 않을 수 있다는 점이다.

Pierre dit qu'il est obligé de partir.
(피에르는 그가 떠나야 한다고 말한다.)
Il explique qu'il n'a pas vu le feu rouge.
(그는 빨간 불을 보지 못했다고 설명한다.)

• 다른 한편으로 주절의 주어와 종속절인 보어절의 주어가 동일 인물일 경우 많은 경우 보어절 대신에 동사 원형을 쓸 수도 있다. 그러나 동사원형보다는 보어절을 쓰는 것이 더 일상적인 표현이다.

Pierre dit à Marie *qu'il est obligé* de partir. = Pierre dit à Marie *être obligé* de partir.
Le Président a répondu aux députés *qu'il avait fait* tout ce qui était possible. = Le Président a répondu aux députés *avoir fait* tout ce qui était possible. (대통령은 가능한 모든 것을 다 했다고 국회의원들에게 대답했다.)

• 그리고 promettre 동사와 se plaindre 동사의 경우 주절의 주어와 종속절의 주어가 동일 인물인 경우 보어절 대신 동사원형을 쓸 수 있는데 이때 동사원형은 전치사 de와 함께 쓰여야 하며, 보어절과 동사원형 둘 다 일상적인 표현이다.

Pierre *promet* à Marie *qu'il viendra.* = Pierre promet à Marie *de venir.*
(피에르는 마리에게 오겠다고 약속한다.)

Pierre *se plaint* à Marie *qu'il est malade.* = Pierre se plaint à Marie *d'être malade.* (피에르는 마리에게 자기가 아프다고 불평한다.)

마지막으로 apprendre, lire, montrer 등의 동사의 경우는 주절의 주어와 보어절의 주어가 동일 인물이더라도 보어절 대신 동사원형을 쓸 수 없고 언제나 보어절을 써야 한다.

어휘 18 위생용품

고무장갑 : gants (*m. pl*) de ménage

지저귀 : couche (*f*), couche-culotte (*f*) (팬티형 종이 기저귀), babyslip (*m*)

로숀 : lait (*m*), lotion (*f*)

면도기 : rasoir (*m*), rasoir jetable (일회용)

면도날 : lame (*f*)

방향제 : déodorant (*m*)

비누 : savon (*m*), savon glycérine (세탁비누)

비닐 봉지 : sac (*m*) en papier

샴푸 : shampooing (*m*)

생리대 : périodique (*f*), serviette (*f*), protection périodique (*f*),

세제 : lessive (*f*), lessive liquide (액체 세탁비누), poudre (*f*) de lavage (가루 세탁비누)

수건 : serviette, mouchoir (*m*) (손수건)

애프터 세이브 로숀 : après-rasage (*m*)

유연제 : assouplissant textile (*m*), adoucissant (*m*)

종이타올(주방용) : papier essuie-tout (*m*)

주방용 세제 : lave vaisselle (*m*), poudre lave vaisselle (*f*) (분말세제), liquide vaisselle (*f*) (액체 세제)

치솔 : brosse (*f*) à dents

치약 : dentifrice (*m*)

쿠킹호일 : papier aluminium (*m*), aluminium élembal

화장지 : papier hygiénique, papier toilette

❖ 연습문제

1. 그는 편지에 그가 아프다고 나에게 말했다.
2. 신문들은 좋은 시기가 계속되지는 않을 것이라고 말하고 있다.
3. 피에르는 떠나게 되어 만족스럽다고 우리에게 말했다.
4. 그는 자기가 기차를 놓치겠다고 부모님께 소리쳤다.
5. 편지에다 마리는 모든일이 순조롭다고 어머님께 씁니다.
6. 피에르는 아내에게 그들이 내일 친구 집에서 저녁 식사를 한다는 것을 상기시킨다.
7. 거듭 말하건데 네가 틀렸어.
8. 그는 당신이 부재중이라고 나에게 대답했습니다.
9. 내가 피에르에게 올 수 있느냐고 묻자, 그는 올 수 없다고 대답했습니다.
10. 그는 사장에게 계약이 체결되었다고 전화했다.
    (계약을 체결하다. signer un contrat)
11. 마리는 남자 친구에게 자기가 서른 살이 넘었다는 사실을 늘 감추었다.
12. 나는 너에게 이미 수차에 걸쳐 내가 그 모임에 관심이 없다는 것을 설명하지 않았니?
13. 여비서는 피에르에게 신분증을 가지고 출두해야 한다고 설명했다.
    (출두하다 se présenter)
14. 사람들이 당신이 회의가 끝나기 전에 떠났다고 나에게 이야기했는데, 사실입니까?
15. 피에르는 마리에게 자기 동생이 사고를 당했다고 이야기했습니다.
16. 피에르에게 그의 아버지가 돌아가셨다는 것을 알린 사람은 바로 접니다.
17. 그 실험은 지구가 달보다 크다는 것을 우리에게 보여주었습니다.
18. 그는 아버지에게 공부를 더 잘 하겠다고 약속했다.
19. 부모님은 우리를 영화관에 데려가겠다고 약속하셨다.
20. 비누를 얼굴에 문지르면 거품이 난다. (문지르다 frotter contre)
21. 광고에 의하면 이 가루 비누를 쓰면 세탁물이 더 하얗게 된다고 한다.
22. 피에르는 화장지를 사러 갔다.
23. 나는 치솔을 잊고 가져오지 않았다.
24. 사람들은 치약과 치솔로 이를 닦는다.

Nom : ________________

Numéro : ________________

EXERCICES 18

1. ____________________

2. ____________________

3. ____________________

4. ____________________

5. ____________________

6. ____________________

7. ____________________

8. ____________________

9. ____________________

____

10. ____________________

11. ____________________

12. ____________________

13. ____________________

절 취 선

14.

15.

16.

17.

18.

19.

20.

21.

22.

23.

24.

제19과 Pierre demande à Marie qu'elle vienne

문형 19 | **주어 + 동사 + 간접목적보어 + que + 접속법**

• 이번 과에서 익히게 될 문장 형태는 제18과에 이어 주절 동사 다음에 간접목적보어와 보어절이 함께 나오는 문형으로 앞 과의 문형과의 차이는 보어절에 직설법이 아닌 접속법을 쓴다는 점으로, 그 형태는 《주어+동사+간접목적보어+que+접속법(sujet+verbe+complément d'objet indirect+subjonctif)》이다. 이때에도 간접목적보어는 전치사 à를 동반하는 명사이며 이 명사는 대부분 사람을 의미하는 명사이다. 본 문형에 사용될 수 있는 동사에는 commander, crier, défendre, demander, dire, écrire, permettre, rappeler, répéter, répondre, télégraphier, téléphoner 등이 있다.

Pierre *demande* à Marie qu'elle vienne.
(피에르는 마리에게 그녀가 오기를 요구한다.)
Pierre *écrit* à son frère qu'il vienne le plus vite possible.
(피에르는 동생에게 가능한 한 빨리 오라고 쓴다.)
Pierre *permet* à sa fille qu'elle sorte le soir.
(피에르는 딸에게 저녁에 외출하는 것을 허락한다.)
Ils vous *ont téléphoné* que vous veniez.
(그들은 당신에게 오라고 전화를 했습니다.)
Pierre *dit* à sa sœur qu'elle se taise.
(피에르는 여동생에게 조용히 하라고 말한다.)

본 문형에 사용되는 대부분의 동사는 의미에 있어서 명령을 나타내는 동사들이다. 따라서 주목해야 할 점은 제18과에서 살펴본 동사와 동일한 동사가 많지만 종속절에 접속법이 나오는 경우는 단순한 서술이 아니라 명령의 의미가 된다는 점이다.

• 본 문형에서 보어절의 주어는 흔히 주절의 간접목적보어와 동일인물이 되는

데 이러한 경우 보어절 대신에 전치사 de와 함께 동사원형을 쓸 수 있으며 (제 15과 참조) 이 때 동사원형을 사용하는 것이 접속법의 보어절을 쓰는 것보다 더 일상적인 표현이다.

Pierre *demande* à Marie *qu'elle vienne.*
=Pierre demande à Marie *de venir.*
(피에르는 마리에게 오라고 요구한다.)

Pierre *permet* à sa fille *qu'elle sorte le soir.*
=Pierre *permet* à sa fille *de sortir le soir.*
(피에르는 딸에게 저녁에 외출하는 것을 허락한다.)

본 문형에서 간접목적보어는 생략되어 나타나지 않을 수도 있다.

Cela demande qu'on fasse attention.
(그것은 사람들이 주의하기를 요한다.)
Ils ont téléphoné que vous veniez.
(그들은 당신이 오라고 전화했습니다.)

어휘 19 운 동

운동 : sport (*m*)
골프 : golf (*m*)
공 : ballon (*m*) (큰 것), balle (*f*) (작은 것)
경기장, 운동장 : stade (*m*)
경마 : course hippique (*f*)
경마장 : hippodrome (*m*)
관중석 : tribune (*f*)
구기 : sport (*m*) de ballon
권투 : boxe (*f*)
농구 : basket-ball (*m*)
달리기 : course (*f*) à pied; sprint (*m*) (단거리); course de haies (장애물 경주); course de relais (계주)
럭비 : rugby (*m*)
레슬링 : lutte (*f*), catch (*m*) (프로레슬링)
마라톤 : marathon (*m*)
배구 : volley-ball (*m*)
사격 : tir (*m*)
수영 : natation (*f*)
수영장 : piscine (*f*)
스케이트 : patinage (*m*), patin (*m*)

(스케이트화), patin à roulettes (롤러 스케이트)
스케이트장 : patinoire (*f*)
스키 : ski (*m*)
승마 : équitation (*f*)
심판 : arbitre (*n*)
야구 : base-ball (*m*)
양궁 : tir (*m*) à l'arc
역도 : haltérophilie (*f*)
올림픽 경기 : jeux Olympiques (*m. pl*)
요트 : voile (*f*)
운동선수 : athlète (*n*) (육상경기 선수), joueur (*m*) (구기 선수)
운동화 : chaussure (*f*) de sport; basket (*m*) (농구화); tennis (*m*) (테니스화)
유도 : judo (*m*)
육상 : athlétisme (*m*)
자전거 : bicyclette (*f*), vélo (*m*), bécane (*f*)
조정 : aviron (*m*)
줄넘기 : corde (*f*) à sauter
철봉 : barre fixe (*f*); barres parallèles (평행봉)
체조 : gymnastique (*f*)
체육관 : gymnase (*m*)
축구 : football (*m*)
카누 : canoë (*m*)
윈드서핑 : planche à voile (*m*)
탁구 : ping-pong (*m*), tennis (*m*) de table
테니스 : tennis
팀 : équipe (*f*)
펜싱 : escrime (*f*)
하키 : hockey (*m*); hockey sur glace (아이스하키)
핸드볼 : hand-ball (*m*)

❖ 연습문제

1. 나는 수요일 오후마다 체육관에 간다.
2. 운동장에서는 구기와 육상을 할 수 있다.
3. 축구 경기장은 세로 120미터, 가로 90미터의 사각형이다.
4. 한 팀은 골키퍼를 포함해 11명으로 구성되어 있다.
5. 나에게 그 편지를 즉시 가지고 오라고 그에게 말하시오. 매우 중요한 것입니다.
6. 장은 자기가 말할 때는 다른 사람들이 조용히 하기를 요구한다.
7. 피에르는 그의 아들이 도로에서 놀지 못하게 한다.
8. 선생님께서 우리에게 여기 남아 있으라고 말씀하셨습니다.
9. 피에르의 아버지는 피에르가 저녁에 외출하지 못하게 했습니다.
10. 피에르는 그의 사촌이 자기 차를 사용하는 것을 허락합니다.
11. 그의 경제사정은 그가 그렇게 사는 것을 허락하지 않습니다.
    (경제 사정 les moyens financiers)
12. 선생님은 학생들에게 책을 펴라고 하셨습니다.
13. 우리는 저녁 식사 후에 외출하는 경우가 종종 있습니다.
14. 피에르는 마리에게 그 연주회에 가지 말라고 전화했습니다.
15. 나는 당신이 내 말을 경청하기를 요구합니다.
16. 그는 사람들이 그 곳으로 지나가는 것을 금지시켰습니다.
17. 수영은 내가 좋아하는 운동이다.
18. 매년 크리마스 때 나는 친구들과 스키 타러 알프스에 간다.
19. 당신은 어제 저녁 텔레비전에서 축구경기를 보셨습니까?
20. 아이들이 운동장에서 농구를 합니다.
21. 매주 일요일 피에르와 마리는 조그만 시골길에서 자전거를 탑니다.
22. 좋은 컨디션을 유지하려면 체조를 하시오.
    (컨디션을 유지하다. pour être en forme)
23. 나는 스포츠용품점에 테니스 공을 사러 갔다.
24. 2만 석이나 되는 경기장이 시합이 시작되기도 전에 꽉 찼었다.

Nom : ____________________

Numéro : ____________________

EXERCICES 19

1. ______________________________

2. ______________________________

3. ______________________________

4. ______________________________

5. ______________________________

6. ______________________________

7. ______________________________

8. ______________________________

9. ______________________________

10. ______________________________

11. ______________________________

12. ______________________________

13.

14. ______________________________

절 취 선

15. ____________________

16. ____________________

17. ____________________

18. ____________________

19. ____________________

20. ____________________

21. ____________________

____

22. ____________________

23. ____________________

24. ____________________

제 20 과 Il pleut

문형 20 비인칭 구문

• 이번 과에서 익히게 될 문장 형태는 아무 의미도 지니고 있지 않고 단지 형식적으로만 사용되는 비인칭의 'il'이 주어 자리에 나타나는 《비인칭 il+동사+…》 형태의 문장이다. 이러한 비인칭 구문에 사용되는 동사에는 우선 그 동사의 특성이 비인칭 주어 il을 요구하는 pleuvoir, neiger, geler, grêler, tonner 등의 기상동사(verbes météorologiques)나 s'agir, falloir, sembler que, paraître que, valoir mieux, arriver que, il y a 등과 시간이나 날씨를 나타내는 표현들이 있다.

Il *a plu* très violemment hier. (어제 비가 매우 심하게 내렸다.)

Il *a neigé* pendant trois jours de suite. (3일 동안 계속해서 눈이 내렸다.)

Il *est* cinq heures. (다섯 시 입니다.)

Il *fait* beau. (날씨가 좋다.)

Il *vaut mieux* que Jean ne vienne pas. (쟝은 오지 않는 편이 낫다.)

• 다른 한편으로 비인칭 구문에는 동사나 표현이 반드시 비인칭 주어 il을 요구하지 않더라도 비인칭 구문을 만들 수 있는 경우가 있는데 이러한 비인칭 구문은 arriver, tomber 등의 운동동사와 manquer, rester, mourir, se produire, se passer 등의 동사, 그리고 수동문에서 주어가 도치되어 동사 뒤에 나타나고 주어자리에는 대신 비인칭 il을 쓰는 경우가 이에 해당하며, 또한 의미상 주어가 명사나 대명사가 아니라 문장일 경우, 이 주어에 해당하는 문장을 문미에 위치시키고 주어자리에 비인칭 il을 쓰는 후치(extraposition)도 이러한 문장 형태의 대표적인 경우이다.

{ Trois étudiants sont arrivés.
Il est arrivé trois étudiants.

(학생 세 명이 도착했다.)

{ Deux personnes sont venues ce matin au bureau.
Il est venu deux personnes ce matin au bureau.

(오늘 아침 두 사람이 사무실에 왔다.)

{ Chaque année, plusieurs milliers de personnes meurent sur cette route.
Chaque année, il meurt plusieurs milliers de personnes sur cette route.

(매년 이 도로에서 수천 명이 죽는다.)

{ Beaucoup de disques ont été vendus.
Il est vendu beaucoup de disques.

(소리판이 많이 팔렸다.)

{ Que cette affaire réussisse ne dépend que de toi.
Il ne dépend que de toi que cette affaire réussisse.

(이 일이 성공하느냐는 너에게 달려있을 뿐이다.)

어휘 20 교 육

교육 : enseignement (*m*), éducation (*f*)
교육기관 : établissement (*m*) d'enseignement
교육제도 : système (*m*) d'enseignement
등록 : inscription (*f*)
등록금 : frais (*m*) d'inscription, droit (*m*) d'inscription
수강신청 : inscription pédagogique (*f*)
초등교육 : enseignement primaire (*m*), éducation élémentaire (*f*)
중등교육(중/고등학교) : enseignement secondaire (*m*)
고등교육(대학교) : enseignement supérieur (*m*)
학교 : école (*f*)
유치원 : école maternelle (*f*), jardin d'enfants (*m*)
국민학교 : école primaire (*f*)
중학교 : école secondaire (*f*), collège (*m*)
고등학교 : lycée (*m*) (보통 국립 중고등 과정)
대학교 : université (*f*), faculté (*f*)
공립학교 : école publique (*f*), école communale (*f*)

사립학교 : école privée (*f*)
학사 : licence (*f*)
석사 : maîtrise (*f*)
박사 : doctorat (*m*)
교실, 강의실 : salle (*f*) de classe
입학 : entrée (*f*)
입학식 : cérémonie (*f*) d'entrée
졸업 : fin (*f*) d'étude
수업 : cours (*m*), classe (*f*)
졸업식 : cérémonie de la remise des diplômes
졸업생 : diplômé(e), ancien(ne) élève
졸업시험 : examen (*m*) de fin d'étude
논문 : mémoire (*m*) (학사, 석사), thèse (*f*) (박사)
과목 : matière (*f*); matière obligatoire (필수과목); matière à option (선택과목)
장학금 : bourse (*f*)
장학생 : boursier (ière)
숙제 : devoir (*m*)
방학 : vacances (*f, pl*); vacances d'été (여름방학); vacances d'hiver (겨울방학) 〈*cf.* 프랑스에서는 보통 여름방학을 les grandes vacances라 부르며 부활절을 전후해서 les vacances de Pâques, 연말연시를 중심으로 les vacances de Noël이 있는데 후자 둘은 약 보름 정도씩 쉰다.〉
개학 : rentrée des classes (*f*), rentrée secolaire (*f*)
학생증 : carte d'étudiant (*f*)
기숙사 : cité universitaire (*f*), résidence universitaire (*f*)
총장 : recteur (*m*), président (*m*)
학장 : doyen (*m*), président (*m*)
교장 : principal (*m*), directeur(*m*)
학과장 : directeur(*m*), responsable(*n*)
과사무실 : secrétariat du département (*m*)
과대표 : président des étudiants (*m*)
대입학력고사 : baccalauréat (*m*), bac (*m*)
논문심사 : soutenance (*f*)
지도교수 : directeur (de thèse, de mémoire) (*m*)
교육부 : ministère de l'Education Nationale (*m*)
교육부 장관 : ministre de l'Education Nationale (*m*)

❖ 연습문제

1. 어제 나에게 사고가 하나 있었다.
2. 그에게는 시간이 필요합니다.
3. 트럭들이 이 길을 자주 지나갑니다.
4. 가끔 기차가 연착하는 수도 있습니다.
5. 방학은 2일부터 시작하는 것으로 결정되었습니다.
6. 오늘은 날씨가 흐렸다.
7. 몇 시 입니까? —8시 반입니다.
8. 아직 빈 자리가 있습니다.
9. 나는 이 원피스가 필요하다.
10. 소포가 없어지는 수도 있습니다.
11. 매년 수천명이 교통사고로 죽는다.
12. 아직 다섯 사람이 모자라서 회의를 시작할 수 없습니다.
13. 너는 할 일이 뭐가 남아 있니?
14. 준비가 다 됐어. 가방을 차에 싣기만 하면 돼.
15. 무엇에 관한 것입니까?
16. 오늘은 날씨가 어떻습니까?
17. 저 구름 좀 봐. 비가 올 것 같은데.
18. 비가 올 때는 우산이 필요합니다.
19. 내일은 북부지방 전역에 눈이 내리겠습니다.
20. 내가 맞는지 모르겠지만 내가 보기에는 너는 의사에게 가 봐야 될 것 같다.
21. 들어가기 전에 모자를 벗어야 한다.
22. 이 집에서는 이상한 일들이 일어나고 있다.
23. 나는 파리 대학에 등록했다.
24. 이 고등학교에는 학생이 몇 명 있습니까?
25. 개학에 대비해서 책과 공책을 사야 한다.
26. 너는 방학 때 어디 갈 거니?
27. 나는 어제 피에르의 박사논문 심사에 참석했다.
28. 피에르는 어제 대입학력고사를 치렀다.

29. 프랑스의 교육에는 국민학교에서 주어지는 1단계 교육, 중/고등학교에서 이뤄지는 2 단계 교육, 그리고 대학에서 주어지는 고등교육 등의 3단계가 있다.

30. 그들은 현행 교육제도를 근본적으로 개혁하기를 원했으나 교육부는 받아들이지 않았다.

Nom : ____________________

Numéro : ____________________

EXERCICES 20

1. ____________________
2. ____________________
3. ____________________
4. ____________________
5. ____________________
6. ____________________
7. ____________________
8. ____________________
9. ____________________
10. ____________________
11. ____________________
12. ____________________
13. ____________________
14. ____________________
15. ____________________

절 취 선

16. ____________________

17. ____________________

18. ____________________

19. ____________________

20. ____________________

21. ____________________

22. ____________________

23. ____________________

24. ____________________

25. ____________________

26. ____________________

27. ____________________

28. ____________________

29. ____________________

____

30. ____________________

____

제 21 과 Expressions du lieu

표현 1 장소를 나타내는 표현

· 지금까지는 주어, 동사, 목적보어 등 불어 문장을 만드는 데 필수적인 요소들을 그 유형에 따라 살펴보았다. 불어로 의사소통을 하거나 글을 쓸 때는 이러한 문장의 필수적인 요소 못지 않게 문장 전체에 시간이나, 장소 등을 나타내는 보충적인 내용을 더해주는 상황을 나타내는 요소도 중요하다. 그래서 이번 과부터는 문형 중심의 내용을 떠나 문장에 보충적인 의미를 더해주는 상황보어의 활용에 대해 살펴보기로 한다. 따라서 특정 내용을 지니는 표현을 중심으로 각각의 표현에 사용되는 다양한 방법들을 익히게 될 것이다. 이번 과에서는 장소(lieu)를 나타내는 표현들을 살펴보기로 하자.

· 불어에서 장소는 ici, là, là-bas 등의 부사나 전치사와 함께 쓰인 명사(전치사구)에 의해 주로 표현된다.

J'habite *ici*.
(나는 여기 산다.)
Il est resté *à* la maison.
(그는 집에 있었다.)

· 이 때 사용되는 전치사는 의미에 따라(어디에 있는지, 어디로 가는지, 어디에서 오는지 등) 적절한 것을 골라 써야한다.

J'habite *en* France.
(나는 프랑스에 산다.)
Je pars pour *la* France.
(나는 프랑스로 간다.)
Je reviens *de* France.
(나는 프랑스에서 돌아온다.)

또한 뒤에 따라 나오는 요소가 보통명사인지 아니면 고유명사인지 등에 따라 동일한 의미라도 전치사가 달라질 수 있다.

Les élèves sont *dans* la classe.
(학생들은 교실에 있다.)
Il habite *en* France.
(그는 프랑스에 산다.)
Ses parents habitent *au* Japon.
(그의 부모님은 일본에 사신다.)
Mon frère habite *à* Séoul.
(나의 동생은 서울에 산다.)

· "어디에(서)", "어디로" 등을 나타내는 요소로는 ici, là, là-bas 등의 장소 부사와 à, en, dans, pour 등의 전치사가 있으며 직업을 나타내는 명사와는 전치사 chez를 사용한다.

On va se rejoindre *là-bas*.
(저기에서 다시 만나자.)
J'ai acheté cette robe *à* la boutique Dior.
(나는 이 옷을 디오르 가게에서 샀다.)
Il faut que j'aille *à* la boulangerie.
= Il faut que j'aille *chez* le boulanger.
(나는 빵집에 가야한다.)
Le voleur est *en* prison.
(그 도둑은 감옥살이를 하고 있다.)
Les élèves sont restés *dans* la classe.
(학생들은 교실에 남아 있었다.)
Il est parti *pour* le village de ses parents.
(그는 부모님이 살고계시는 마을로 출발했다.)

· 출발점을 나타내는 "-에서", "-로 부터" 등은 주로 전치사 de를 사용한다.

Il est parti *d'*ici il y a cinq minutes.
(그는 5분전에 여기에서 출발했다.)

Monsieur Kim est rentré *de* son bureau à six heures.
(김선생님은 여섯시에 사무실에서 돌아 오셨습니다.)

· 두 지점 사이의 거리를 나타낼 때는 "à + 거리나 소요시간을 나타내는 숫자 + de + 장소"의 표현을 쓴다. 이때 environ이나 à peu près 등을 사용하여 대략 얼마인지를 나타낼 수도 있다.

Lyon est à 400 kilomètres de Paris.
(리옹은 파리에서 400킬로 떨어져 있다.)
Lyon, c'est à 2 heures de train de Paris.
(리옹은 파리에서 기차로 2시간 거리에 있다.)
C'est à environ 5 minutes d'ici.
(여기에서 약 5분 거리이다.)

· 동서남북의 방위를 나타낼 때는 à l'est (de), à l'ouest (de), au sud (de), au nord (de)를 그리고 중앙을 나타낼 때는 au centre (de)를 쓴다.

Lyon est *au nord* de Marseille.
(리옹은 마르세이유의 북쪽에 있다.)

◆ **Remarque** 북부지방, 남부지방 등 지역을 말할 때는 전치사 dans을 사용한다.

J'habite dans le Nord de la France. (나는 프랑스 북부에 산다.)

이 때 전치사 dans 대신에 전치사 à를 쓰면 다른 뜻이 된다.

J'habite au nord de la France. (나는 프랑스 (보다) 북쪽에 산다 -예를 들면 벨기에나 독일 등)

· 그 이외에 두 물체나 두 지점간의 상호적인 위치를 나타내는 전치사로 sur, sous, entre ... et ..., à côté (de), au milieu (de), en face (de), à gauche (de), à droite (de), au coin (de), au bout (de), au bord (de), autour (de), auprès (de), derrière, devant, à vl'intérieur (de), à l'extérieur (de), dedans, dehors, chez, loin de, près de 등이 있다.

Il y a un livre *sur* la table. (책상 위에 책이 한권 있다.)

◆ **Remarque** 전치사 en - à - sur - dans은 모두 "...에서"의 의미로 사용될 수 있어 이들 전치사 중 어느 것을 사용할 것인가는 불어를 외국어로 배우는 사람에게는 무척 어려운 문제이다. 어떤 명사에는 어떤 전치사를 쓴다는 것을 외워두는 것이 가장 확실한 방법이다. 어떤 전치사를 쓸것인가 하는 절대적인 규칙은 없지만 대체적으로 매우 넓은 지역을 가리킬 때는 en을 그리고 점차적으로 좁고 정확한 어떤 지역을 가리킬수록 à, sur, dans 순으로 사용한다.

Il vit *en* banlieue, mais il travaille à Paris *dans* le 5e arrondissement.
(그는 교외에서 살지만 파리 제5구에서 일한다.)
Je le rencontre généralement au Quartier Latin ou *sur* les Champs-Elysées.
(나는 그를 주로 대학가나 샹젤리제 거리에서 만난다.)

• 방향을 나타내는 표현에는 à gauche, à droite, tout droit, en avant, en arrière, vers, le long de, à travers, par 등이 있다.

Tournez à droite!
(오른 쪽으로 도시오.)

◆ **Remarque** 장소를 나타내는 전치사의 사용은 뒤에 오는 장소가 무엇인지에 따라 달라지므로 전치사의 사용에 주의해야 한다.

(1) 마을이나 도시를 나타낼 때는 전치사 dans을 사용한다.
Pierre habite *dans* le village. (피에르는 마을에 산다.)
Pierre habite *dans* la ville. (피에르는 도시에 산다.)

(2) '교외에'의 의미를 나타낼 때는 전치사 dans이나 en을 쓴다. 이 때 전치사 dans을 쓰면 관사와 함께 써야 하며, 전치사 en을 쓰면 관사를 쓰지 않는다는 점에 유의해야 한다.
J'habite *dans* la banlieue. (나는 교외에 산다.)
J'habite *en* banlieue. (나는 교외에 산다.)

(3) 도시라는 일반명사가 아니고 특정도시를 나타내는 고유명사의 경우 전치사 à를 사용한다.

Mon ami habite *à* Séoul. (내 친구는 서울에 산다.)

(4) 장소가 나라일 경우 그 국가명이 여성명사일 때는 관사 없이 전치사 en을 사용하고 국가명이 남성이거나 복수명사일 때는 전치사 à를 사용하며 이 때는 관사와 함께 국가명을 쓴다. 그러나 모음으로 시작되는 남성명사 국가의 경우는 전치사 en을 사용한다.

Pierre travaille *en* France. (피에르는 프랑스에서 일한다.)

Pierre habite *au* Japon. (피에르는 일본에 산다.)

Pierre a fait ses études *aux* Etats-Unis. (피에르는 미국에서 공부했다.)

Pierre habite *en* Iran. (피에르는 이란에서 산다.)

(5) 대륙을 나타내는 고유명사의 경우 전치사 en을 쓴다.

Pierre est né *en* Asie. (피에르는 아시아에서 태어났다.)

(6) 프랑스 지방명의 경우 그 지방명이 여성일 때는 전치사 en을, 남성명사일 때는 전치사 dans과 함께 정관사를 쓴다.

Pierre habite *en* Normandie. (피에르는 노르망디에서 산다.)

Cette ville est située *dans* le Berry. (이 도시는 베리(지방)에 위치해 있다.)

(7) 행정구역상의 도(département)의 경우 전치사 dans을 사용한다.

Marie est née *dans* le Loiret. (마리는 르와레에서 출생했다.)

(8) 강의 경우 전치사 sur를 사용한다.

Il y a beaucoup de bateaux *sur* la Seine. (세느 강에 배들이 많이 있다.)

어휘 21 장소표현 관련 어휘

가까이에: près de
멀리: loin de
...을 가로질러: à travers
...의 내부에: à l'intérieur de
...의 외부에: à l'extérieur de
...의 중앙에: au centre de
...의 둘레에: autour de
...의 곁에: auprès de
내부에: dedans
외부에: dehors
쪽으로: vers
동: l'est
서: l'ouest
남: le sud
북: le nord
중앙: le centre
북동: le nord-est
남동: le sud-est
남서: le sud-ouest
북서: le nord-ouest

◆ **Remarque** 구미지역에서는 방위를 나타내는 명사는 우리와 정반대로 le nord, le sud, l'ouest, l'est의 순이다.
(그 외 장소 표현은 제 4과의 어휘를 참조하고, 국가명은 부록 8을 참조하시오.)

◆ 연습문제

1. 나는 아프리카에 간다. 그리고 다음 달에는 브라질에 간다.
2. 나는 여름에 산에 가는 것을 좋아하고, 겨울에 바다에 가는 것을 좋아한다.
3. 나는 다섯시에 역에 가야한다.
4. 나는 내 아들을 차로 학교에 데려다주고 나서 우체국에 갈 것이다.
5. 에펠탑에서는 파리 전체를 볼 수 있다.
6. 그는 숲 속에서 버섯을 따다가 길을 잃었다.
7. 그녀는 파리 5대학에서 의학 공부를 했다.
8. 김선생님 부부는 11시 30분에 대전에 도착했다.
9. 8시에 길에는 이미 아무도 없다.
10. 우리집 고양이가 이웃집 정원에서 새들을 쫓아다니고 있다.
11. 쟝은 이 안락의자에 앉아서 저녁 나절을 보냈다.
12. 고속도로에서 큰 사고가 있었다.
13. 내일 아침 나는 이발하러 가야한다.
14. 나는 정육점에서 장을 보기 전에 식료품점에 가야 한다.
15. 우리는 필립의 집에서 너를 기다리겠다.
16. 엘리즈는 너의 왼쪽에 앉아 있니? - 아니, 나의 오른쪽에 앉아 있어.
17. 용선이는 사진 아래쪽에 있니? - 아니, 위쪽에 있어.
18. 역은 시청에서 멉니까? - 아니오, 가깝습니다.
19. 우체국은 은행 앞에 있습니까? - 아니오, 은행 옆에 있습니다.
20. 호수 주위에 숲이 있습니다.
21. 어부들은 어디에 있습니까? - 바다에 있습니다.
22. 우리는 프랑스에 가서 2 주일 동안 머물렀습니다.
23. 역은 여기에서 10분 거리입니다.
24. 부산은 서울에서 자동차로 5시간 거리입니다.
25. 피에르는 자기 어머니 왼쪽에 있고, 마리는 자기 아버지 오른쪽에 있습니다.
26. 그는 은행에서 일합니다.
27. 나는 지난주에 파리에 갔었는데, 이번 토요일 다시 거기에 간다.

28. 나는 릴(Lille)에 갈때 파리를 들러서 간다.
29. 어린 아이들은 책상 밑에 들어가는 것을 무척 좋아한다.
30. 죄송합니다만 영화관에 가려면 어떻게 해야 합니까?
 - 영화관에 가려면 두번째 길에서 왼쪽으로 돌아 곧장 가면 됩니다.
31. 강은 마을 북쪽에 있습니다.
32. 숲은 공항 동쪽에 있다.
33. 수퍼마켓을 지나 왼쪽으로 가십시오.
34. 다방은 길 모퉁이에 있습니다.
35. 운동장은 시내에서 멀리 떨어져 있습니다.
36. 박물관은 학교에서 가깝습니다.
37. 그 동상은 광장 가운데에 있습니다.
38. 작은 시장 뒤편에 크고 아름다운 공원이 하나 있습니다. 이 커다란 공원에는 사람들이 많이 있습니다. 어떤 노신사는 예쁜 벤치에 오랫동안 앉아 있고, 어떤 낭만적인 부부는 순환 산책로를 천천히 걸어가고 있습니다. 이곳에서는 생활이 다시금 평온하고 아늑해집니다.

Nom : ____________________

Numéro : ________________________

EXERCICES 21

1. ______________________________

2. ______________________________

3. ______________________________

4. ______________________________

5. ______________________________

6. ______________________________

7. ______________________________

8. ______________________________

9. ______________________________

10. ______________________________

11. ______________________________

12. ______________________________

13. ______________________________

14. ______________________________

절 취 선

15. ______________________________

16. ______________________________

17. ______________________________

18. ______________________________

19. ______________________________

20. ______________________________

21. ______________________________

22. ______________________________

23. ______________________________

24. ______________________________

25. ______________________________

26. ______________________________

27. ______________________________

28. ______________________________

29. ______________________________

30. ______________________________

31. ______

32. ______

33. ______

34. ______

35. ______

36. ______

37. ______

38. ______

______

______

______

절

취

선

제 22 과 Expressions marquant la date

표현 2 시간, 날짜를 나타내는 표현

• 이번 과에서는 앞 과에 이어서 상황보어(complément circonstanciel) 중에서 장소를 나타내는 것과 더불어 가장 많이 쓰이는 것 중 하나인 시간을 나타내는 표현을 살펴보기로 한다. 이번 과에서는 특히 시간을 나타내는 표현 가운데서도 일정한 시각이나 날짜를 나타내는 표현을 다루며, 그외 어떤 것을 하는데 걸리는 시간이나 기간, 그리고 시간에 관계되는 종속절은 다음 과에서 계속해서 살펴볼 것이다.

• 어떤 사건이 일어난 시각이나 날짜를 말하는 방법에는 크게 세 가지가 있다.

(1) 첫번째는 특정 시각이나 날짜 등을 직접 언급하는 것이다.

Je suis arrivé à 11 heures et deme.
(나는 11시 반에 도착했다.)
Je suis arrivé en France le 5 janvier 1984.
(나는 1984년 1월 5일 프랑스에 도착했다.)

(2) 두번째는 시각이나 날짜를 명시적으로 언급하지 않고 말하는 '오늘, 어제, 내일' 등과 같이 화자의 시점을 기준으로 언제인지를 나타낼 수 있다.

Je l'ai vu hier soir.
(나는 그를 어제 저녁에 보았다.)

(3) 마지막으로 화자의 시점이 아니라 과거나 미래의 어떤 시점을 기준으로 언제인지를 나타낼 수도 있다.

Jacques a acheté sa voiture en septembre 1987. Trois mois plus tard (trois mois après), il a eu un accident.
(쟈끄는 1987년 9월에 자동차를 샀다. 그로부터 3개월후 그는 사고를 당했다.)

• 특정 시각이나 날짜 등을 직접 언급하는 경우 '...시에'의 의미를 나타낼 때는 전치사 à를 사용한다.

Je suis arrivé *à* midi et demi.
(나는 12시 반에 도착했다.)

그러나 그냥 몇시라고 말할 때는 'Il est (시각)'의 표현을 쓴다.

Quelle heure *est-il*? (몇시입니까?)
Il est 5 heures. (5시입니다.)

날짜를 말할 때는 아무 전치사 없이 날짜를 직접 쓰며 날짜 앞에 정관사 'le'를 사용한다. 그러나 요일과 날짜를 함께 쓸 때는 정관사를 써도 좋고 쓰지 않아도 좋다.

Il est né *le* 14 juillet 1789. (그는 1789년 7월 14일 태어났다.)
Il est arrivé jeudi 14 juillet 1989 (혹은 *le* jeudi 14 juillet 1989).
(그는 1989년 7월 14일 목요일날 도착했다.)

관사 없이 요일만 쓰면 화자의 시점을 중심으로 바로 지나갔거나 곧 다가올 해당 요일을 의미하게된다.

Samedi, je suis allée au cinéma. (토요일날 나는 영화관에 갔다.)
Samedi, j'ai rendez-vous avec mon ami. (토요일날 나는 친구와 약속이 있다.)

훨씬 이전의 어느 특정한 요일을 나타낼 때는 요일 앞에 관사를 쓴다.

Le samedi de cette semaine-là, je suis allée au cinéma.
(그주 토요일날 나는 영화관에 갔다.)

또한 요일 앞에 정관사를 쓰면 그 요일에 반복되는 행위의 의미를 가질 수도 있다.

Le dimanche, je vais à l'église.
(일요일마다 나는 교회에 간다.)

달(mois)을 나타낼 경우 관사 없이 달 이름앞에 전치사 en을 쓰거나 'au mois de + 달 이름'을 쓴다.

Je prends mes vacances *en* août.

Je prends mes vacances *au mois d'*août.
(나는 8월에 휴가를 가진다.)

계절을 나타낼 경우 봄의 경우만 au printemps을 쓰고 나머지는 모두 관사없이 전치사 en을 쓴다.

En été, *en* automne, *en* hiver
Au printemps

· 화자의 시점으로 언제인지를 나타내는 경우

(1) 화자의 시점과 동일 시점을 나타내는 요소로 언제인지를 나타내는 다음과 같은 부사나 단어를 전치사 없이 사용하는데 이때 지시형용사(adjectifs démonstratifs)와 함께 쓰이는 경우가 많다.

- aujourd'hui (오늘)
ce matin (오늘 아침)
ce soir (오늘 저녁)
cet après-midi (오늘 오후)
cette semaine(-ci) (이번 주)
ce mois(-ci) (이번 달)
cette année(-ci) (올해)

Il est arrivé *cet après-midi*. (그는 오늘 오후에 도착했다.)
Il est allé au cinéma *ce soir*. (그는 오늘 저녁에 영화관에 갔다.)

이외에도 en ce moment, maintenant, à l'heure actuelle, actuellement, pour le moment 등의 부사적 표현을 쓸 수도 있다.

(2) 화자의 시점을 기준으로 이미 지나간 시간을 나타낼 때는 hier(어제), hier matin (어제 아침), hier soir(어제 저녁), avant-hier(그제) 등의 표현을 쓰거나, 시간을 나타내는 단어에 형용사 dernier(dernière)(지난)를 붙인 la semaine dernière(지난 주), le mois dernier(지난 달), l'année dernière(작년) 등의 표현을 사용한다.

상기에 언급한 표현들은 전치사 없이 직접 쓴다.

Hier, j'ai déjeuné avec mes amis. (어제 나는 친구들과 점심을 먹었다.)

Je me suis marié *l'année dernière*. (나는 작년에 결혼했다.)

그외에도 'il y a + 시간 단위를 나타내는 단어'의 표현을 사용하여 화자의 시점으로부터 '... 전에'를 나타낼 수 있다.

Il y a une semaine, j'ai vu un bon film.

(일주일 전에 나는 좋은 영화를 하나 보았다.)

(3) 화자의 시점을 기준으로 앞으로 다가올 시간을 나타낼 때는 demain(내일), demain matin(내일 아침), demain soir(내일 저녁), après-demain(모레) 등의 표현을 쓰거나 시간을 나타내는 단어에 형용사 prochain(e)(다음, 다가오는)를 붙인 la semaine prochaine(다음 주), le mois prochain(다음 달), l'année prochaine(내년) 등의 표현을 전치사 없이 직접 사용한다.

Demain, on va voir un film.

(내일 영화 보러 갈 것이다.)

L'année prochaine, je visiterai les Etats-Unis.

(내년에 나는 미국을 방문할 것이다.)

그외에도 'dans + 시간 단위를 나타내는 단어'의 표현을 사용하여 화자의 시점으로부터 '... 후에'를 나타낼 수 있다.

Dans une semaine, je vais partir pour Londres.

(일주일 후에 나는 런던으로 떠날 것이다.)

· 과거나 미래의 정해진 시점을 중심으로 시간을 나타낼 때는 부사 'là'를 시간을 나타내는 단어 뒤에 이음줄로 덧붙여 그 시점과 동시임을 나타내거나, la veille(그 전날), le lendemain(그 다음날) 등의 단어 혹은 précédent이나 suivant과 같은 형용사를 사용하여 그 기준되는 시점의 이전이나 이후를 나타낸다.

- ce jour-là (그날)

  ce matin-là (그날 아침)

cet après-midi-là (그날 오후)
ce soir-là (그날 저녁)
cette semaine-là(그 주일)
ce mois-là(그 달)
cette année-là(그 해)
à ce moment-là(그 때)

- la veille (그 전날)
le lendemain (그 다음날)
la veille au amtin (그 전날 아침)
le lendemain matin (그 다음날 아침)
la veille au soir(전날 저녁)
le lendemain soir(다음날 저녁)
le jour précédent(전 날)
le jour suivant(다음 날)
la semaine précédente(전 주일)
la semaine suivante(다음 주일)

Pierre est arrivé à la maison le 12 mars. *Ce jour-là*, il faisait très beau.
(피에르는 3월 12일 집에 도착했다. 그날은 날씨가 매우 좋았다.)

그외에도 과거나 미래의 일정한 시점을 기준으로 얼마 전을 나타낼 때는 avant이나 plus tôt를, 그리고 얼마 후를 나타낼 때는 après나 plus tard를 쓴다.

Jacques a acheté sa voiture en septembre 1990. Trois mois *plutard* (trois mois après), il a eu un accident.
(쟈끄는 1990년 9월에 차를 샀다. 그로부터 석달 후 그는 사고를 당했다.)

◆ **Remarque** 불어에서 부사(adverbe)의 위치는 일반적으로 동사 다음 목적어 앞에 위치하며, 복합시제일 때는 조동사와 과거분사 사이에 위치한다.

J'aime beaucoup mes parents.
J'ai beaucoup aimé mes parents.

그리고 부사가 두 개 이상 나올 때는 '양태부사(adverbes de manière) + 일반적인 시간을 나타내는 부사(adverbes de temps général) + 양을 나타내는 부사(adverbes de quantité) + 장소부사(adverbes de lieu) + 특정한 시간을 나타내는 부사(adverbes de temps particulier)'의 순서가 일반적이다.

Je l'estime naturellement toujours beaucoup.

On le voit toujours beaucoup partout.

Alfred passera rapidement là-bas demain.

마찬가지로 장소를 나타내는 상황보어와 시간을 나타내는 상황보어를 동시에 쓸 때는 장소를 나타내는 상황보어를 먼저 쓰고 그 다음에 시간을 나타내는 상황보어를 쓴다.

J'ai un rendez-vous à Séoul demain.

어휘 22 시간표현 관련 어휘

ce jour-là: 그 날
la veille: 전날
l'avant-veille: 전전날
la veille au matin: 전날 아침
la veille au soir: 전날 저녁
le jour d'avant: 전날
le jour précédent: 전날
le lendemain: 다음날
le surlendemain: 다음 다음날
le lendemain matin: 다음날 아침
le lendemain soir: 다음날 저녁
le jour d'après: 다음날
le jour suivant: 다음날

la semaine précédente: 그 전주
la semaine suivante: 그 다음주
toujours: 항상, 여전히
autrefois: 예전에
jadis:예전에
bientôt: 곧
plus tard: 나중에
tout à l'heure: 곧, 방금
tout de suite: 곧
en ce moment: 지금
actuellement: 지금, 현재
à l'heure actuelle: 지금. 현재
maintenant: 지금

(그외 요일, 달, 계절, 해 등에 관한 어휘는 제 3 과의 어휘를 참조하시오.)

◆ 연습문제

1. 그는 5분 전에 떠났다.
2. 나는 1972년 2월 15일에 태어났습니다.
3. 너에게 일요일날 전화할께.
4. 너 내일 뭘 할거니?
5. 15일 후에 다시 오겠습니다.
6. 내 남동생은 2000년에 스무살이 될 것이다.
7. 20년 후에는 공해로 인해 공기가 호흡할 수 없게 될 것이다.
8. 내 아들은 올해 24살이 됩니다. 그는 일자리 찾을 생각을 해야 하지요.
9. 피에르 뒤퐁은 1983년에 정치에 입문했다. 그로부터 4년 후 그는 국회의원 선거(les élections législatives)에 출마해서 국회의원에 당선되었다.
10. 나는 한달 전에 프랑스에 도착했다.
11. 오늘은 1995년 6월 2일 월요일입니다.
12. 1992년에 나는 일본에서 살고 있었다.
13. 그는 지난주에 출발했습니다.
14. 저는 낮 12시 반에 도착했습니다.
15. 사고는 16시 25분에 발생하였다.
16. 그는 오늘 저녁에 죽었습니다.
17. 어제 나는 영화관에 갔다.
18. 지난 토요일 나는 아주 즐겁게 저녁 시간을 보냈습니다.
19. 그는 6주 전에 결혼했다.
20. 작년에 저는 8월 5일부터 휴가를 가졌습니다.
21. 내 딸은 6월달에 태어났습니다.
22. 나는 목요일날 그를 보았다.
23. 우리는 봄에 서로 알게되었습니다.
24. 그가 3시쯤 저에게 전화를 했습니다.
25. 그는 자정이 약간 안 되어서 왔습니다.
26. 저는 어제 밤 잠을 제대로 자지 못했습니다.
27. 나는 1996년에 은퇴할 예정이다.
28. 전문가들에 의하면 1997년에는 실업이 늘어날 것이다.
29. 내일은 전국에 걸쳐 화창한 날씨가 되겠습니다.

30. 그 연주회는 월요일 저녁 9시에 열릴 것입니다.
31. 다음주부터 수업은 9시에서 12시까지 열립니다.
32. 다음달에 빵 가격이 50 쌍띰 오를 것이다.
33. 경제난이 계속되면 2000년에는 실업자가 4백만명이 될 것이다.
34. 2-3년 후에 나는 세계일주를 할 작정이다.
35. 오늘은 일요일이니 내일 너에게 다시 전화할께.
36. 당신은 다음주 화요일날 북경에 있을 것입니까?
37. 어제 5월 16일 금요일 공화국 대통령은 X 사건에 대해 논의하기 위해 수상 을 접견했다. 그보다 이틀 전에는 내무부 장관을 접견했다.
38. 그 주 토요일날 나는 영화관에 갔습니다.
39. 1986년 12월 나는 필립을 알게되었다. 그 당시 나는 파리에 살고 있었다.
40. 폴은 오는 6월에 나를 보러 올 것이다. 그 때 나는 부모님 댁에 있을 것이다.
41. 피에르는 1월 19인날 서울에 도착했다. 그 날은 날씨가 매우 추웠었다.
42. 그것은 어떤 겨울철 일요일이었다. 그 전날 눈이 내렸던 것을 기억한다.
43. 우리는 월요일날 승용차로 출발할 것이다. 그러면 그 다음날 스페인에 도착 하리라고 생각한다.
44. Transformez ce texte en supposant que vous racontez ce qui s'est passé longtemps après.

<< Aujourd'hui nous avons eu une très belle surprise. Nous nous promenieons dans ces ruelles étroites et sombres où vivent des familles de marins, quand nous avons entendu une voix familière qui nous appelait. C'était Pablo, notre ami argentin. Il est arrivé hier pour participer à une exposition de peinture. Ce soir, nous irons ensemble au Palais de la Musique et pour demain nous avons déjà organisé une promenade dans les jardins publics. Malheureusement nous devons partir la semaine prochaine et Pablo ne pourra pas nous joindre cette année à Paris. En ce moment, ce n'est pas facile de faire de longs voyages. >>

Nom : ____________________

Numéro : ________________________

EXERCICES 22

1. ____

2. ____

3. ____

4. ____

5. ____

6. ____

7. ____

8. ____

9. ____

10. ____

11. ____

12. ____

13. ____

14. ____

절 취 선

15. ____

16. ____

17. ____

18. ____

19. ____

20. ____

21. ____

22. ____

23. ____

24. ____

25. ____

26. ____

27. ____

28. ____

29. ____

30. ____

31. ____

32. ______

33. ______

34. ______

35. ______

36. ______

37. ______

38. ______

39. ______

40. ______

41. ______

42. ______

43. ______

44. ______

절 취 선

제 23 과 Expressions marquant la durée

표현 3 기간을 나타내는 표현

· 앞 과에서는 언제인지를 나타내는 표현을 살펴보았다. 이번 과에서는 얼마동안이나 언제부터 등의 소요 시간이나 기간을 나타내는 요소들에 대해 살펴보게 될 것이다.

· 언제부터 언제까지라는 기준이 되는 시점 없이 단지 얼마동안이라는 시간만을 표현할 때는 주로 전치사 pendant이나 en을 사용한다.

Cette potion magique fait de l'effet *pendant* une heure.
(이 마법의 약은 1시간 동안 효력이 있다.)
Pendant les vacances, il a fait beau.
(방학동안 날씨가 좋았다.)

전치사 en은 특히 어떤 행위를 실현하는데 필요한 소요 시간을 나타낼 때 사용된다.

Avec le TGV, on peut atteindre Marseille *en* trois heures.
(고속기차로는 마르세이유에 세시간만에 도착할 수 있다.)

그외에도 전치사 dans을 써서 dans la matinée(오전 중에), dans la journée(오늘/일과 중에), dans la soirée(저녁 중에), dans l'après-midi(오후 중에), dans la semaine(금주 중에) 등의 '... 중에'라는 표현을 할 수 있다.

Je vous téléphonerai demain *dans* la matinée.
(내일 오전 중에 전화드리겠습니다.)

마지막으로 어떤 행위가 지속적으로 이루어질 경우 그 기간은 전치사 없이 tout (toute, tous, toutes)를 사용하여 나타낼 수 있다.

Il a dormi *tout* l'après-midi. (그는 오후 내내 잠을 잤다.)

◆ **Remarque** 얼마동안이라는 기간을 나타낼 때 그 기간을 숫자를 사용하여 표현할 때는 전치사 pendant을 써도 좋고 혹은 전치사 pendant을 생략하고 그냥 기간만을 직접 쓸 수도 있다.

Il a dormi (deux heures/pendant deux heures).
(그는 두시간 동안 잠을 잤다.)
Elle a travaillé (trois ans/pendant trois ans).
(그녀는 3년 동안 일했다.)

숫자가 아닌 다른 방법으로 기간을 나타낼 때는 전치사 pendant을 사용하는 것이 일반적이다.

Elle n'a pas travallé *pendant* les vacances.
(그녀는 휴가동안 일하지 않았다.)

◆ **Remarque** 과거의 어떤 행위나 상태가 그것이 진행된 기간을 나타내는 표현과 함께 사용될 때는 과거의 어떤 일정한 시점에 이루어진 사건으로 간주하기 때문에 동사의 시제는 반과거(imparfait)를 쓰지 않고 복합과거(passé composé)를 써야한다.

J'*ai été* malade pendant trois jours. (나는 사흘간 아팠었다.)
* J'étais malade pendant trois jours.

◆ **Remarque** 예정된 기간을 나타낼 때는 전치사 pour를 사용한다.

Monsieur Kim vient d'arriver à Paris; il est là *pour* deux ans.
(김선생님은 방금 파리에 도착했다. 그는 2년 예정으로 거기에 있다.)

· 기준 시점 없이 기간만을 나타내는 상기의 경우와는 달리 화자의 시점이나 혹은 다른 기준 시점을 기준으로 해서 어떤 행위나 상태의 기간을 나타낼 때는 '언제부터'는 전치사 depuis나 il y a ... que ... / ça fait ... que ... 등의 표현을 사용한다.

Je suis malade *depuis* deux jours. (나는 이틀 전부터 아프다.)
Ça fait deux jours *que* je suis malade. (나는 아픈지 이틀 되었다.)
Il y a deux jours *que* je suis malade. (나는 아픈지 이틀 되었다.)

그리고 '언제까지'는 전치사 jusqu'à를 사용한다.

Hier, j'ai travaillé avec Pierre *jusqu'à* deux heures du matin.
(어제 나는 피에르와 함께 새벽 두시까지 일했다.)

• 화자의 시점을 기준으로 언제부터를 나타낼 때 동사의 시제는 일반적으로 현재를 사용한다.

Pierre téléphone depuis une demi-heure.
Ça fait une demi-heure que Pierre téléphone.
Il y a une demi-heure que Pierre téléphone.
(피에르는 반시간 전부터 전화를 하고 있다.)

◆ **Rcmarquc** 전치사 dcpuis는 일반적으로 현재시제의 동사와 함께 사용된다. 하지만 부정문에서는 복합과거와 함께 쓰이는 것이 일반적이다.

Je n'ai pas vu ma soeur depuis deux ans.
(나는 2년 전부터 내 누이를 만나보지 못했다.)

그러나 ne ... plus의 부정문에서는 보통 현재시제와 함께 사용된다.

Je ne vois plus ma soeur depuis deux ans.
(나는 2년 전부터 더 이상 내 누이를 만나보지 못했다.)

그리고 점진적인 진행을 나타내는 baisser, augmenter, diminuer 등과 같은 동사를 depuis와 함께 사용할 경우 현재나 복합과거를 둘 다 사용할 수 있다. (이때 현재는 계속적으로 진행되는 의미를 가지며, 복합과거는 지금까지 그러했다는 사실의 확인이다.)

Depuis deux ans, la vie augmente.
(이년 전부터 물가가 계속 오르고 있다.)
Depuis deux ans, la vie a augmenté.
(이년 전부터 물가가 올랐다.)

• 기준 시점이 화자의 시점과 다른 경우 언제부터를 나타낼 때 기준이 과거의 어떤 시점이면 동사의 시제는 반과거를 사용하고, 기준이 미래의 어떤 시점이면 동사의 시제는 미래를 사용한다.

Pierre téléphonait depuis une demi-heure quand Paul est arrivé.
Ça faisait une demi-heure que Pierre téléphonait quand Paul est arrivé.
Il y avait une demi-heure que Pierre téléphonait quand Paul est arrivé.
(폴이 도착했을 때 피에르는 반시간 전부터 전화를 하고 있었다.)
L'année prochaine, il quittera la France. Il y aura trois ans qu'il habite à Paris. (내년에 그는 프랑스를 떠날 것이다. 그러면 그가 파리에서 산지 3년이 될 것이다.)

어휘 23 약자 (Les sigles)

l'AFP: L'Agence France-Presse (프랑스 통신사)
l'ANPE: l'Agence national pour l'emploi (국립 직업 소개소)
la CE: la Communauté européenne (유럽 공동체)
l'EDF: l'Electricité de France (프랑스 전기공사)
l'ENA: l'Ecole National d'Administration (국립 행정학교)
l'ENS: l'Ecole Normale Supérieure (고등 사범학교)
l'HLM: l'Habitation à loyer modéré (공공 임대 주택)
l'IFOP: l'Institut français d'opinion publique (여론 조사 기관)
l'ONU: l'Organisation des Nations-Unies (국제연합, UN)
l'OTAN: l'Organisation du Traité de l'Atlantique Nord (북대서양조약기구)
le PC: le Parti communiste (공산당)
le PS: le Parti socialiste (사회당)
la RATP: la Régie autonome des transports parisiens (파리 교통공사)
le RER: le Réseau express régional (파리 교외 고속 전철)
le RPR: le Rassemblement pour la République (프랑스의 우파 정당 중 하나)
le SMIG: le salaire minimum interprofessionnel garanti (최저보장임금)
la SNCF: la Société nationale des chemins de fer français (프랑스 국립철도회사)
le TEE: le Trans-Europ-Express (유럽 횡단 특급 열차)
le TGV: le Train à grande vitesse (고속열차, 테제베)
la TVA: la Taxe sur la valeur ajoutée (부가가치세)
l'UDF: l'Union pour la Démocratie Française (프랑스의 우파 정당 중 하나)

◆연습문제

1. 휴가 동안 우리는 푹 쉬었습니다.
2. 우리는 밤을 꼬박 새웠습니다.
3. 일꾼들이 3개월 걸려 이 집을 지었다.
4. 네가 물을 마시지 않은 지 오래되었다.
5. 그가 출발한지 한시간 되었다.
6. 나는 하루 종일 잠을 잤습니다.
7. 내가 너를 기다린지 두시간이 되었다.
8. 나는 너를 5분간 기다리고서는 자리를 떴다.
9. 피에르는 일주일 내내 일을 했다.
10. 나는 20년 전부터 프랑스에서 살고 있습니다.
11. 조난자들은 열흘간 아무것도 먹지 않았습니다.
12. 나는 2주 전부터 휴가중입니다.
13. 나는 영화관에 가지 않은지 오래되었다.
14. 나는 어제 피에르와 함께 두시간 동안 일했다.
15. 20년만에 세계는 완전히 변했다.
16. 주중에 들를 것을 너에게 약속하마.
17. 그는 열살 때까지는 꽤 얌전했지만 그 이후로 많이 변했다.
18. 나는 1987년에 9월까지 6개월간 미국에서 살았다.
19. 내가 이 일을 끝낸지 이틀이 되었습니다.
20. 경기가 시작된지 10분이 되었다.
21. 그가 담배를 끊은지 6개월이 되었다.
22. 멀지 않아 그가 회사에 선출된지 10개월이 될 것입니다.
23. 저는 1월 15일부터 여기에서 살고 있습니다.
24. 정부가 바뀐 이래로 인플레가 5% 증가했다.
25. 그는 떠나고서는 그 이후로 나에게 편지를 쓰지 않았다.
26. 나는 며칠 동안 잠을 잘 자지 못했다. 그래서 수면제를 복용했다.
27. 나는 시험이 있을 적마다 며칠간 잠을 잘 자지 못하곤 했다.
28. 우리는 저녁 내내 춤을 추었습니다.
29. 당신은 4년 동안 건축에 대해 공부했습니다.
30. 나는 10년 전부터 이 집에 세들어 살고 있습니다.

31. 나는 열흘 전부터 아파트를 하나 구하고 있습니다.
32. 그들은 이일을 하루만에 했습니다.
33. 우리가 토론을 하는 동안 다른 사람들은 산책을 했다.
34. 그 사건이 있은 이후 그녀는 악몽에 시달린다.
35. 우리는 20년 전부터 이 지역에 살고 있으며, 그 농가를 사려고 거의 10년 동안 저축을 했다. 한달 후면 우리는 이사를 할 것이다.
36. 우리는 3개월 전부터 낡은 시골집에서 살고 있다. 6주 걸려서 칠을 다시 했고, 1 주일 전에 정원을 청소하기 시작했다.
37. Proposez à chaque fois deux autres phrases équivalentes.

<Modèle> Ça fait deux ans qu'il habite Rome.
-> Il habite Rome depuis deux ans.
-> Il y a deux ans qu'il habite Rome.

a. Nous les connaissons depuis longtemps.
->
->

b. Ils sont là depuis peu de temps.
->
->

c. Il y a deux heures qu'il regarde ce tableau.
->
->

d. Il n'y a pas eu d'élection depuis six ans.
->
->

e. Ça fait longtemps que je n'ai pas entendu parler de cette affaire.
->
->

f. Il est rédacteur en chef depuis trois ans.
->

->

g. Il y a trois jours qu'il est pas venu.

->

->

Nom : ____________________

Numéro : ________________________

EXERCICES 23

1. ____

2. ____

3. ____

4. ____

5. ____

절

6. ____

7. ____

취

8. ____

9. ____

선

10. ____

11. ____

12. ____

13. ____

14. ____

15. ______________________________

16. ______________________________

17. ______________________________

18. ______________________________

19. ______________________________

20. ______________________________

21. ______________________________

22. ______________________________

23. ______________________________

24. ______________________________

25. ______________________________

26. ______________________________

27. ______________________________

28. ______________________________

29. ______________________________

30. ______________________________

31. ______________________________

32.

33.

34.

35.

36.

절 취 선

37. a.

b.

c.

d.

e.

f. ____

____

g. ____

____

제 24 과 Propositions circonstancielles de temps

표현 4 시간을 나타내는 상황보어절

• 시간을 나타낼 때는 앞 과에서 살펴본 명사나 전치사 그리고 부사 등의 요소를 사용한 표현 이외에도 시간을 표현하는 상황보어절이나 부정법절(동사원형)을 사용할 수도 있다. 이번 과에서는 이러한 시간을 나타내는 상황보어절과 부정법절을 살펴보기로 한다.

• 시간은 나타내는 상황보어절 가운데 두 사건의 동시성이나 연속성을 표현하는 데 사용되는 종속접속사에는 우선 가장 널리 쓰이는 quand이 있고 quand과 동일한 의미를 가지는 lorsque가 있다. quand이 쓰이는 모든 곳에 lorsque가 쓰일 수 있는데 lorsque를 쓰면 좀 더 정교한 언어 층위에 속하게되며, 특히 문어체에서 자주 lorsque를 쓴다.

(Quand/Lorsque) il fait beau, je sors.
(날씨가 좋을 때는 나는 외출한다.)
Il est arrivé (quand/lorsque) tu dormais.
(그는 네가 자고 있을 때 도착했다.)
(Quand/Lorsque) tu auras mangé, tu pourras sortir.
(다 먹으면 너는 밖에 나갈 수 있을 것이다.)

◆ **Remarque** 연속적인 두 사건을 나타낼 때는 quand을 사용할 수도 있지만 일반적으로 주절과 종속절의 주어가 동일할 때는 'après + 부정법 과거'를 사용한다. 즉 <Quand il a eu mangé, il est parti.>라는 표현보다는 <Après avoir mangé, il est parti.>로 나타내는 것이 더 좋은 표현이다

• 그 외에 동시성을 나타내는 데 사용되는 종속접속사 혹은 종속접속사 상당어에는 au moment où, pendant que, tant que, aussi longtemps que, le temps que 등

이 있다.

Un orage a éclaté *au moment où* nous sommes sortis.

(우리가 밖으로 나간 순간 비바람이 쏟아졌다.)

Il a travaillé *pendant que* nous faisions la cuisine.

(우리가 요리를 하는 동안 그는 일을 하였다.)

Tant que 〔*Aussi longtemps que*〕 je mange, je me porte bien.

(먹는한 나는 건강하다.)

◆ **Remarque** 상기의 종속접속사(상당어)를 사용한 상황보어절은 주절과 주어가 동일한 경우 상응하는 전치사를 동사원형이나 명사와 함께 사용하여 나타낼 수도 있다.

Philippe était malade au moment où il est parti.

Philippe était malade au moment du départ.

Philippe était malade au moment de partir.

이 때 동사원형을 사용한 경우는 동사원형의 의미상 주어가 주절의 주어와 동일해야 한다.

· 연속적인 두 사실을 표현할 때는 aussitôt que, dès que, avant que (+subjonctif), après que, une fois que, à peine ... que 등을 사용한다.

(Aussitôt que, Dès que) tu auras fini, fais-moi signe.

(끝나자 마자 나에게 알려줘.)

Je suis parti *avant qu*'il fasse la nuit.

(나는 밤이 되기 전에 출발했다.)

Après qu'il a eu terminé sa lettre, il est parti.

(그는 편지를 다 쓰고난 후 출발했다.)

Une fois que la voiture s'est arrêtée, il a pu descendre.

(일단 자동차가 서고난 후 그는 내릴 수 있었다.)

Le soir, il est *à peine* rentré *que* déjà on l'appelle au téléphone.

(저녁때면 으레 그가 집에 들어서자 벌써 그에게 전화가 걸려온다.)

◆ **Remarque** 상기의 상황보어절들은 각각 상응하는 부정법절(동사원형)이나 분사구문(constructions avec participe) 혹은 명사구성(constructions nominales)을 가질수 있다.

Dès la fin de la séance, elles sont sorties.
= Dès que la séance avait été fini, elles sont sorties.

Aussitôt la séance terminée, elles sont sorties.
= Aussitôt la séance était terminée, elles sont sorties.

Je suis parti avant la nuit.
= Je suis parti avant qu'il fasse nuit.

Après son départ, je suis resté à Paris.
= Après qu'il était parti, je suis resté à Paris.

Après avoir mangé, il s'est couché.
= Après qu'il a eu mangé, il s'est couché.

Une fois la voiture arrêtée, il a pu descendre.
= La voiture arrêtée, il a pu descendre.
= Une fois que la voiture s'est arrêtée, il a pu descendre.

상기 예들에서 부정법절(동사원형)을 사용할 경우 동사원형의 의미상 주어가 주절의 주어와 동일해야만 가능하며, avant que의 경우 주절의 주어와 상황보어절의 주어가 동일할 경우 반드시 avant de + inf.의 부정법절을 사용해야한다.

J'ai téléphoné avant de partir.
* J'ai téléphoné avant que je parte. (impossible)

· 그외에 시간을 나타내는 상황보어절에 사용되는 종속접속사(상당어)에는 jusqu'à ce que (+subjonctif), juste au moment où (+indicatif), depuis que, depuis le moment où, chaque fois que, toutes les fois que 등이 있다.

Je resterai là *jusqu'à ce qu*'il parte.
(나는 그가 떠날 때까지 거기에 있겠다.)

Je resterai là *juste au moment où* il partira.
(나는 그가 떠날 때까지 거기에 있겠다.)
Depuis qu'il habite à Paris, il est malade.
(그는 파리에서 산 이후 계속 아프다.)
Depuis le moment où il est arrivé à Paris, il est malade.
(그는 파리에 도착한 이후 계속 아프다.)
Chaque fois que je vais au cinéma, je rencontre mes amis.
(나는 영화관에 갈 때마다 친구들을 만난다.)

어휘 24 공공장소의 표시문

A louer 대여
Ascenseur 엘리베이터
Attention 주의, 조심
A vendre 판매
Correspondance (지하철의) 갈아타는 곳
Dames 숙녀용
Danger 위험
Défense d'entrer 출입금지
Défense de fumer 금연
Eau non potable 식수불가
Ecole 학교
Entrée 입구
Entrée interdite 출입금지
Entrée libre 자유출입 (무료출입)
Femmes 숙녀용
Fermé 폐점, 닫혔음
Fumeurs 끽연석
Hommes 신사용
Hôpital 병원
Horaire 시간표
Libre 사용가능
Messieurs 신사용
Ne pas toucher 만지지 마시오
Non fumeurs 금연석
Occupé 사용중
Ouvert 개점, 영업중, 열렸음
Parking 주차장
Passage souterrain 지하도
Poussez 미시오
Privé 私室, 개인용
Quai/Voie (기차의) 플랫홈
Renseignements 안내
Résevé 예약석
Salle d'attente 대합실
Soldes 세일
Sonnez 벨을 누르시오
Sortie 출구
Sortie de secours 비상구
Stationnement interdit 주차금지
Tirez 당기시오
Toilettes 화장실

◆연습문제

1. 네가 도착했을 때 그는 출발했다.
2. 네가 도착했을 때 그는 잠을 자고 있었다.
3. 우리가 도착했을 때 그는 자리에 없었습니다.
4. 출발 순간에 그녀는 망설였습니다.
5. 그녀가 떠난 이후로 그는 더 이상 잠을 이루지 못한다.
6. 갑자기 전화가 울렸을 때 나는 잠을 자고 있었다.
7. 총성이 터졌을 때 나는 유유히 길을 걷고 있었습니다.
8. 그는 나를 보자 놀라는 기색이었습니다.
9. 나는 일할 때 음악을 듣는다.
10. 그를 보게되면 네 소식을 그에게 전해 줄께.
11. 작년에 우리가 스페인에 있었을 때 그의 할아버지의 사망 소식을 접했습니다.
12. 피에르는 파리에 도착하자마자 아내에게 전화했습니다.
13. 밤이 되기 전에 집으로 돌아가는 것이 좋을 것이다.
14. 내 누이 동생은 일할 때 누가 방해하는 것을 좋아하지 않는다.
15. 어렸을 때 나는 만화영화를 보는 것을 매우 좋아했다.
16. 내가 잠에서 깨어났을 때는 정오였습니다.
17. 네가 운전면허증을 갖게될 때 너에게 내 차를 빌려 주겠다.
18. 그는 학업을 마친 후 외국에 일년동안 일하러 갔다.
19. 그는 집에 돌아 오자마자 전화 응답기의 내용을 듣곤 했다.
20. 내가 그 영화를 보게 되면 바로 너에게 그 영화에 대한 내 생각을 말해 줄께.
21. 나의 아버지는 독서를 많이 하셨다. 그는 책을 한권 다 읽으면 곧바로 다른 책을 시작했다.
22. 아버지께서 일단 은퇴를 하시게되면 마침내 자신의 정원을 가꾸실수 있을 것이다.
23. 이 쵸콜렛을 맛보았을 때 당장 사람들은 더 이상 다른 쵸콜렛을 먹기를 원하지 않는다.
24. 부장님이 그 편지에 일단 서명을 하면 당장 그 편지를 보내십시오.

25. 내가 막 떠나려는 바로 그 순간 부장이 나를 불렀다.
26. 그 외국 원수는 자기 부인이 루브르 박물관을 관람할 동안 공화국 대통령과 회담을 하게될 것이다.
27. 열이 계속되는 한 이 약을 드셔야 합니다.
28. 시위대는 그들이 할 수 있는 한 경찰력에 저항했다.
29. 그는 이 약을 복용하고 나서부터는 건강 상태가 훨씬 좋아졌다.
30. 그 개는 주인의 목소리를 듣자마자 주인에게로 뛰어갔다.
31. 피에르는 외국에 갈 때마다 아이들에게 선물을 사오곤 했다.
32. 그가 좋은 성적을 낼 때마다 그의 부모님은 그에게 선물을 주었다.
33. 나는 대전에 갈 때마다 매번 형님 집에서 저녁을 먹습니다.
34. 그가 있을 때는 모두가 만족해 합니다.
35. 내가 도착할 때까지 움직이지 말고 거기에 있어라.
36. 내가 감기 들기 전에 돌아 갑시다.
37. 나는 의사가 내게 담배를 금지시키기 전까지는 담배를 피웠다.
38. 우리는 이웃 사람들이 와서 항의할 때까지 노래를 불렀다.
39. 딸이 결혼한 후 그는 병에 걸렸다.
40. 매일 그는 점심을 먹고난 후 낮잠을 잔다.
41. 끝나는대로 나에게 전화하십시오.
42. 피에르는 커피를 마시는 동안 보고서를 작성했다.
43. 다음의 시간을 나타내는 상황보어절을 명사구성으로 바꾸시오.

<Modèle> Depuis que son meilleur ami l'avait trahi, Arsène n'était plus le même.

-> Depuis la trahison de son meilleur ami, Arsène n'était plus le même.

a. Depuis que sa femme est morte, il est très abattu.

->

b. Après que sa fille s'est mariée, il est tombé malade.

->

c. Depuis qu'il a été en France, il va beaucoup mieux.

->

d. Dès que le soleil se lève, il travaille aux champs.

->

e. Dès que sa fille sera revenue, il se sentira encore mieux.

->

f. Chaque jour, après qu'il a déjeuné, il fait une sièste.

->

g. Il est réveillé avant que le réveil sonne.

->

44. 다음 명사구성을 시간을 나타내는 상황보어절로 바꾸시오.

<Modèle> Depuis mon stage d'apprentissage, je suis devenu ouvrier qualifié.

-> Depuis que j'ai fait mon stage d'apprentissage, je suis devenu ouvrier qualifié.

a. Depuis sa promotion, Florence n'a plus de soucis d'argent.

->

b. Il voyage beaucoup depuis sa nomination comme P.-D.G.

->

c. Depuis l'arrivée de ses amis, ma fille n'a plus le temps de travailler.

->

d. Le jeune cadre est debout dès le lever du jour.

->

e. Il prend une demi-heure pour déjeuner pendant la fermeture des bureaux.

->

f. Il n'a pas le temps de se détendre vraiment avant la reprise du t ravail.

->

g. Après le licenciement de dix salariés, il a peur de perdre lui aussi son emploi.

->

h. Ce jour-là, il devait terminer son rapport avany le départ du directeur.

->

i. Le directeur l'a fait appeler dans son bureau après la signature du courrier.

->

j. Pendant la discussion, il téléphone n'a pas cessé de sonner.

->

k. Il faut patienter jusqu'au départ du bus.

->

l. Ils ont attendu jusqu'à l'arrivée de l'invité d'honneur.

->

m. Nous avons bavardé tranquillement en attendant l'ouverture des bureaux.

->

n. L'usine sera fermée en attendant le redémarrage de l'économie.

->

Nom : ____________________

Numéro : ____________________

EXERCICES 24

1. ____________________

2. ____________________

3. ____________________

4. ____________________

5. ____________________

6. ____________________

7. ____________________

8. ____________________

9. ____________________

10. ____________________

11. ____________________

12. ____________________

13. ____________________

14. ____________________

절 취 선

15. ______________________________

16. ______________________________

17. ______________________________

18. ______________________________

19. ______________________________

20. ______________________________

21. ______________________________

22. ______________________________

23. ______________________________

24. ______________________________

25. ______________________________

26. ______________________________

27. ______________________________

28. ______________________________

29. ______________________________

30. ______________________________

31. ______________________________

32. ______________________________

33. ______________________________

34. ______________________________

35. ______________________________

36. ______________________________

37. ______________________________

절

38. ______________________________

39. ______________________________

취

40. ______________________________

41. ______________________________

선

42. ______________________________

43. a. ______________________________

b. ______________________________

c. ______________________________

d. ______________________________

f. ______________________________

g. ______________________________

44. a. ____

b. ____

c. ____

d. ____

e. ____

f. ____

g. ____

h. ____

i. ____

j. ____

k. ____

l. ____

m. ____

n. ____

제 25 과 Expressions de l'idée de cause

표현 5 원인을 나타내는 표현

• 이번 과에서는 여러 상황보어 가운데 "원인 (cause)"을 나타내는 표현들을 살펴 보기로 하자.

• "원인"을 표현하는 데는 여러 가지 문법범주들이 사용될 수 있다. 우선 종속접속사 내지는 종속접속사 상당어로 parce que, puisque, comme, étant donné que, du fait que, sous prétexte que, d'autant plus ... que 등이 있으며, 등위접속사로 car가 있다.

Je suis en retard *parce que* j'ai été pris dans les embouteillages.
(나는 차가 막혀서 늦었습니다.)
Je ne pouvais pas y aller *puisque* je n'avais pas été invité.
(나는 초대를 받지 못했기 때문에 거기에 갈 수 없었다.)
Comme c'est le jour de fête, toutes les banques sont fermées.
(휴일이기 때문에 은행이 모두 닫혔다.)
Etant donné que vous êtes célibataire, vous paierez plus d'impôts que marié.
(당신은 독신이므로 기혼자보다 세금을 더 많이 내게 될 것입니다.)
Sous *prétexte qu'*il est patron, il se croit tout permis.
(주인이라는 구실로 그는 모든 것이 다 가능한 것으로 생각한다.)
Cela vous sera *d'autant plus* facile *que* vous êtes jeune
(당신이 젊으니 만큼 그것은 더욱 더 쉬울 것입니다.)
Ferme la fenêtre, *car* il y a un courant d'air.
(바람이 들어오고 있으니까 창문을 닫아라.)

◆ **Remarque** parce que와 puisque는 둘다 '왜냐하면, -이기 때문에'의

의미를 가지지만 그 뉘앙스에 있어서는 차이가 있으므로 사용시 유의해야 한다. 즉 parce que는 상대방이 그때까지 모르고 있던 이유를 제시하는 할때 사용하며, puisque는 상대방도 이미 알고 있는 내용을 제시할 때 사용한다. 따라서 parce que는 질문에 대한 대답으로 경우 사용될 수 있으나, puisque는 질문에 대한 대답으로 사용될 수 없다.

Il n'est pas venu *parce qu'*il était malade.

(그는 아팠기 때문에 오지 않았다.)

Puisque tu ne te sens pas bien, je vais appeler le médecin.

(너도 느끼다시피 너는 몸이 좋지 않으니 내가 의사를 부르겠다.)

car는 등위접속사이므로 문두에 사용될 수 없고 항상 두번째 절의 처음에 위치한다. 그리고 이러한 등위접속사의 성격 때문에 질문에 대한 대답으로 사용될 수 없다.

Il a mis son imperméable, car il pleuvait.

* Car il pleuvait, il a mis son imperméable. (impossible)

· 다른 한편으로 "원인"을 표현하는 데는 전치사나 전치사 상당어인 à cause de, grâce à, avec, étant donné, à la suite de, en raison de, sous, pour, par, faute de, sous prétexte de 등이 사용될 수 있다.

Il a échoué à ce concours *à cause de* l'épreuve de mathématiques.

(그는 수학 시험 때문에 그 시험에 불합격 했다.)

Grâce à la compétence du médecin, mon fils a été sauvé.

(그 의사의 능력 덕분에 내 아들이 살아났다.)

Avec son passeport périmé, il n'a pas pu passer la frontière.

(그는 여권의 유효기간이 지났기 때문에 국경을 넘어갈 수 없었다.)

Etant donné votre culture, vous devriez connaître ce poème.

(당신의 교양에 비추어 보건데 당신은 이 시을 알고계실 겁니다.)

A la suite de la grève, une partie des ouvriers a été licenciée.

(파업으로 일부 노동자들이 파면 당했다.)

Cet écrivain a écrit en grande partie *sous* l'influence du romantisme allemand.

(이 작가는 독일 낭만주의의 영향을 받아 그의 작품 중 많은 부분을 썼다.)

Ce train est très apprécié *pour* son confort et surtout *pour* sa rapidité.

(이 기차는 안락함과 특히 빠른 속력 때문에 매우 높이 평가된다.)

Le couvre-feu avait été instauré *par* mesure de sécurité.

(안전 조치로 통금이 시행되었다.)

Faute de médicamments appropriés, l'enfant est mort en quelques jours.

(적절한 약이 없어서 그 아이는 며칠만에 죽었다.)

· 그리고 이들 표현 이외에도 원인을 나타내는 데는 c'est que, c'est parce que 등의 표현과 현재분사(participe présent)나 동격 명사(nom apposé) 등이 사용되기도 한다.

Si elle a été brûlée vive, *c'est qu'*on l'a trouvée coupablc.

(그녀가 산채로 화형 당한 것은 사람들이 그녀가 유죄라고 생각 했기때문이다.)

En roulant à gauche, il a provoqué un accident.

(왼쪽으로 달렸기 때문에 그는 사고를 냈다.)

Maire du village, il connaissait tous les habitants.

(그는 그 마을의 시장이기 때문에 주민들을 모두 안다.)

어휘 25 방송, 언론매체

언론: presse (f)
언론사, 통신사: agence de presse (f)
신문: journal (m)
잡지: revue (f), magazine (m)
일간지: quotidien (m)
주간지: revue hebdomadaire (f), hébdomadaire (m)
월간지: revue mensuelle (f)
계간지: revue trimestrielle (f)
시사잡지: revue d'information (f)
일반 교양잡지: revue de formation générale (f)
전문잡지: revue spécialisée (f)
기자: journaliste (n)
기사: article (m)
정기구독: abonnement (m); s'abonner à une revue (정기구독하다)
정기 간행물: périodique (m)
기자회견: conférence de presse (f)
방송: émission (f); émission en direct (생방송); émission en différé (녹화방송)
방송국: station (de télévision, de radio) (f)
중계방송: retransmission (f); retransmission en direct (f) (생중계); retransmission en différé (f) (녹화중계)
라디오: radio (f)
텔레비전: télévision (f)
채널: chaîne (f)
텔레비전 방송국: chaîne de télévision (f)
텔레비전 시청자: téléspectateur(trice)
청취자: auditeur(trice)
독자: lecteur(trice)
아나운서: présentateur(trice) (뉴스), speaker (m)
사회자: animateur (trice)
인터뷰: interview (f)
르뽀: reportage (m)
잡보, 삼면기사: faits divers (m, pl)
스타: star (f), vedette (f)
방송순서: programme (m)
쇼: variétés (f, pl)
영화: film (m), cinéma (m)
미니시리즈: téléfilm (m)
주간 연속극: série (f)
일일 연속극: feuilleton (m)
뉴스: journal télévisé (m), informations (f, pl), actualités (f, pl)
기록영화: documentaire (m)
일기예보: météo (f)
만화영화: dessin animé (m)

◆연습문제

1. '파리 마치'(잡지 이름) 정기구독을 신청합니다.
2. 이 평론가는 많은 잡지에 기고를 합니다.
3. 피에르는 축구 중계방송을 봅니다.
4. 이 지역에서는 제3방송을 시청하기가 어렵습니다.
5. 한국에는 텔레비젼 방송이 몇 개 있습니까?
6. 이 신문의 발행부수는 2만 부인데 그 대부분이 서울에서 팔린다.
7. 너는 성인이므로 투표를 하는 것이 정상이다.
8. 목이 말라서 그는 물을 마신다.
9. 바람 때문에 낙엽이 날아 다닌다.
10. 비가 내리기 때문에 그녀는 우울하다.
11. 피에르는 그녀의 매력과 미소 때문에 마리를 좋아한다.
12. 나는 피곤도 하고 돈도 충분하지 않기 때문에 그 여행을 하지 않을 것이다.
13. 도로가 넓기 때문에 위험이 적다.
14. 나는 너에게 길게 쓸 시간이 없기 때문에 그림엽서를 보낸다.
15. 프랑스 왕 필립 6세가 영국 왕과 싸워야 했던 것은 영국 왕이 프랑스의 왕이 되기를 원했기 때문이다.
16. 철도가 파괴되었기 때문에 철도를 다시 건설해야만 했다.
17. 18세때 그는 성인이 되었다는 구실로 사족을 떠나기를 원했다.
18. 피에르 덕분에 나는 내가 모르던 많은 것을 배웠다.
19. 우파가 다시 정권을 잡았기 때문에 최근에 국유화된 기업체들은 다시금 사유화 되었다.
20. 여론 때문에 수상이 사임했다.
21. 그녀는 나와 함께 일하기 때문에 내게 전화하는 거야.
22. 아무도 없어서 나는 다시 떠났다.
23. 아무도 나에게 제의을 하지 않았기 때문에 나는 내 자신이 직접 결정을 취했다.
24. 보시다시피 날씨가 좋으므로 테라스에서 식사를 하겠습니다.

25. 네가 나의 제안에 회답을 보내지 않았으므로 나는 네가 동의하지 않는 것으로 결론내리겠다.
26. 기차의 파업으로 인하여 나는 파리에 갈 수 없었다.
27. 나는 일 때문에 파리에 갔습니다.
28. 그가 답장을 하지 않았으므로 나는 그에게 편지 쓰는 일을 그만 두었습니다.
29. 그는 합격하리라 예상하지 않았기 때문에 그만큼 더 만족스러웠습니다.
30. 우리는 창구에서 오랫동안 기다렸습니다. 사람들이 많이 있었기 때문입니다.
31. 폴이 시간이 없었기 때문에 우리는 그를 두고 외출했다.
32. 마리가 회의에 참석하지 않았기 때문에 보고서를 작성한 사람은 나였다.
33. 그는 경찰관을 다치게 한 이유로 유죄 판결을 받았다.
34. 파업으로 인해 신문은 내일 발행되지 않습니다.
35. 아이들이 아프다는 핑계로 그는 오지 않았습니다.
36. 경기는 비 때문에 그 다음날로 연기되었다.
37. 우리는 너 때문에 늦게 도착했다.
38. 아파트 가격 때문에 파리에 거주하기가 점점 더 어렵다.
39. 도로 상의 사고로 인해 교통이 둔화되었다.
40. 우리는 당신이 보내준 지도 덕분에 당신의 집을 쉽게 찾았습니다.
41. 나는 시간이 없어서 그 전시회를 보러 갈 수 없었습니다.

Nom : ____________________

Numéro : ________________________

EXERCICES 25

1. ______________________________

2. ______________________________

3. ______________________________

4. ______________________________

5. ______________________________

6. ______________________________

7. ______________________________

8. ______________________________

9. ______________________________

10. ______________________________

11. ______________________________

12. ______________________________

13. ______________________________

14. ______________________________

절 취 선

15. ______________________________

16. ______________________________

17. ______________________________

18. ______________________________

19. ______________________________

20. ______________________________

21. ______________________________

22. ______________________________

23. ______________________________

24. ______________________________

25. ______________________________

26. ______________________________

27. ______________________________

28. ______________________________

29. ______________________________

30. ______________________________

31. ______________________________

32. ______________________

33. ______________________

34. ______________________

35. ______________________

36. ______________________

37. ______________________

절

38. ______________________

39. ______________________

취

40. ______________________

41. ______________________

선

제 26 과 Expressions de l'idée de conséquence

표현 6 결과를 나타내는 표현

• 이번 과에서는 "결과"를 나타내는 표현을 익히게 될 것이다. 앞 과에서 살펴본 "원인"에 관한 표현의 경우와 마찬가지로 "결과"를 나타내는 방법에는 여러가지가 있는데 "결과"의 의미를 가지는 상황보어절을 이끄는 종속접속사로 si bien que, de (telle) manière que, de (telle) façon que, de (telle) sorte que, à tel point que, au point que, tant et si bien que 등이 있다.

Victor Hugo s'est violemment opposé à Napoléon III *si bien que* ses oeuvres ont été interdites en France.
(빅토르 위고는 너무나 맹렬히 나폴레옹 3세에 대립했다. 그래서 그의 작품이 프랑스에서 금지되었다.)

Il a bien agi *de manière que* tout le monde est content.
(그는 행동을 잘 했다. 그래서 모두가 만족해 한다.)

Il a beaucoup travaillé, *de sorte qu*'il a réussi.
(그는 열심히 일했다. 그래서 성공했다.)

Il était fatigué, *à tel point qu*'il s'est endormi.
(그는 너무나 피곤해서 잠이 들어버렸다.- 주절의 사실을 강조)

◆ **Remarque** de manière [sorte] que 다음에 직설법이 오면 결과(conséquence)를 나타내지만 접속법(subjonctif)이 오면 목적(but)을 나타내게 된다.

◆ **Remarque** au point que의 경우 주절의 주어와 종속절의 주어가 동일하면 au point de + inf. 형태의 무성법을 사용할 수도 있다. 이경우 부정법의 사용이 의무적이지는 않다.

Il était fatiqué, *au point qu*'il s'est endormi.

= Il était fatiqué au poit de s'endormir

· 다른 한편으로는 "결과"를 나타내는 상관절을 이끄는 si ... que, tant ... que, tellement ... que 등의 표현이 있는데 이때 si는 형용사나 부사와 함께, tant은 동사나 과거분사와 함께 이거나 전치사 de를 동반해서 명사와 함께 쓰이며 tellement은 형용사, 과거분사, 동사 그리고 부사와 함께 그리고 전치사 de를 동반했을 때는 명사와 함께 쓰인다.

Il marchait *si* vite *qu*'il était difficile de le suivre.
(그가 매우 빨리 걸어서 따라가기가 힘들었다.)
Marie est *si* belle *que* tout le monde l'aime.
(마리는 매우 예뻐서 모두가 그녀를 사랑한다.)
Il fume *tant* [*tellement*] *que* ses doigts sont jaunis par la nicotine.
(그는 담배를 너무 많이 피워서 니코틴에 손가락이 노랗게 되었다.)
Il a *tant* [*tellement*] mangé *qu*'il en a attrapé une indigestion.
(그는 너무 많이 먹어서 소화불량이 되었다.)
Le pianiste avait fait *tant de* fautes *qu*'il a été sifflé à la fin du concert.
(그 피아니스트는 실수를 너무 많이 해서 연주회가 끝났을 때 야유를 받았다.)
L'appartement est *tellement* sale *qu*'il est inhabitable en état actuel.
(그 아파트는 너무나 더러워서 현상태로는 살 수가 없다.)
Elle avait *tellement* soif *qu*'elle a fini par boire de l'eau non potable.
(그녀는 너무나 목이 말라서 마침내는 식수가 아닌 물을 마셨다.)
Il a *tellement* d'argent *qu*'il voyage souvent à l'étranger.
(그는 돈이 매우 많아서 외국 여행을 자주 한다.)

◆ **Remarque** avoir faim, avoir froid 등 동사의 의미를 가지는 숙어 표현의 경우 결과를 나타내는 상관절에는 si와 tellement을 사용하며, 이들은 동사와 그다음에 오는 요소 사이에 위치한다.

Il avait *si* [*tellement*] faim qu'il n'a pas pu attendre.
(그는 너무나 배가 고파서 기다릴 수가 없었다.)

· 그리고 등위접속사로 et, donc, par conséquent, en conséquence, c'est pourquoi, alors, ainisi, aussi 등이 있으며,

Il n'a pas de voiture, *donc* il doit voyager à pied.

(그는 자동차가 없다. 따라서 걸어서 여행해야 한다.)

Pierre n'a pas obtenu sa carte de travail, *par conséquent* il est inutile de chercher une situation.

(피에르는 노동증을 얻지 못했다. 따라서 일자리를 구하려 하는 것은 쓸데없는 일이다.)

Le train part à cinq heures du matin, *en conséquence* nous devons nous lever de bonne heure.

(기차가 아침 5시에 출발한다. 그래서 우리는 일찍 일어나야 한다.)

Nous avons beaucoup marché, *c'est pourquoi* nous sommes fatigués.

(우리는 많이 걸었다. 그래서 피곤하다.)

Ils ne s'entendaient pas bien, *alors* ils ont décidé de se séparer.

(그들은 잘 맞지 않았다. 그래서 헤어지기로 결정했다.)

Cet étudiant enregistrait les cours au magnétophone, *ainsi* il les réécoutait chez lui.

(그 학생은 강의를 녹음해서 집에서 그것을 다시 듣는다.)

Je suis arrivé en retard au concert, *aussi* j'ai dû attendre l'entracte pour entrer.

(나는 연주회에 늦게 도착했다. 그래서 중간 휴식 시간을 기다려서 입장해야 했다.)

그 외에도 생략적 표현으로 d'où [d'où il suit que]와 de là [de là vient que]가 있다.

Personne ne le lui a dit, *d'où* sa colère.

(아무도 그에게 그 이야기를 하지 않았다. 그래서 그가 화를 내고있다.)

Le métro a eu une panne, *de là* mon retard.

(지하철이 고장나서 그래서 늦었다.)

어휘 26 여행

여행: voyage (m)
여행자: voyageur (m)
표, 승차권: billet (m), ticket (m)
도착: arrivée (f)
출발: départ (m)
연착: retard (m)
갈아타는 곳: correspondance (f)
예약: réservation (f)
표파는 곳, 창구: guichet (m)
반환: remboursement (m)
운임: tarif (m)
행선지: destination (f)
검표원: contrôleur (m)
편도: aller (m)
왕복: aller-retour (m)
기차: train (m)
역: gare (f) (기차 역), station (f) (지하철 역)
플래트폼: quai (m)
수하물 보관소: consigne (f)
짐, 수하물: bagages (m, pl)
침대차: wagon-lit (m)
식당차: voiture-restaurant (f)
일등칸: première classe (f)
이등칸, 보통칸: seconde classe (f)
승선: embarquement (m)
하선: débarquement (m)
승객: passager (passagère)
선실: cabine (f)
유효기간: validité (f)
정기선 (비행기): vol régulier (m)
전세기: charter (m)
공항: aéroport (m)
공항버스: navette (f)
비지니스 클래스: classe affaire (f)
이코노믹 클래스: classe économique (f)
이륙: décollage (m)
착륙: atterrissage (m)
스튜어디스: hôtesse de l'air (f)
기장: commandant (m)
여권: passeport (m)
사증, 비자: visa (m)
면세점: boutique hors-taxe (f)

◇ 연습문제

1. 피에르는 파리에서 태어났다. 그래서 그는 파리를 무척 사랑한다.
2. 그는 목이 말라서 물을 마신다.
3. 물이 너무나 천천히 흘러서 마치 움직이지 않는 것 같다.
4. 그 성은 매우 매력적이라서 나는 항상 그 성을 방문하는 것을 기쁘게 생각한다.
5. 나는 너무나 많이 걸어서 앉고 싶다.
6. 그들은 너무 늦게 헤어져서 집에 들어갔을 때는 밤중이었다.
7. 그녀는 편지에 너무 많은 말을 덧붙여서 자기 이름을 쓸 자리가 더 이상 없었다.
8. 날씨가 너무 더워서 길어 갈 용기가 나지 않는다.
9. 그 국회의원은 너무 오랫동안 그리고 너무 지루하게 말을 해서 사람들이 모두 잠들어 버렸다.
10. 물이 충분하지 않았다. 그래서 나는 야채를 씻을 수 없었다.
11. 사탕을 너무 많이 먹어서 내 동생은 이가 아프다.
12. 어린 왕자는 혼자서는 너무나 심심해서 여우와 함께 놀기를 원한다.
13. 나는 너무 급해서 이 편지를 부치는 것을 잊었다.
14. 당신은 닭을 너무 많이 사육해서 몇 마리인지 기억하지 못한다.
15. 그와 그의 여동생은 영화관이나 극장에 가기를 원했다. 그런데 돈이 충분하지 않아서 산책하러 가기로 결정했다. 그러나 그들은 공원에도 숲에도 갈 수가 없었다. 왜냐하면 비가 매우 세차게 내리기 시작했기 때문이다.
16. 마리는 외로웠다. 그래서 슬펐다.
17. 당신은 내기를 했고 졌습니다. 따라서 저에게 저녁을 사야합니다.
18. 비가 옵니다. 따라서 산책하려던 계획은 취소되었습니다.
19. 우리는 날이 밝기 전에 출발해야 한다. 따라서 기상 시간은 4시가 될 것이다.
20. 일찍 오시오. 그러면 밤이 되기 전에 다시 떠날 수 있을 것입니다.
21. 그는 결정을 내리지 못하고 있었다. 그래서 다른 사람이 그의 자리를 차지했다.
22. 그는 난폭하다. 그래서 아무도 그를 좋아하지 않는다.
23. 비행기가 10시에 출발하지만 9시에는 공항에 가 있어야 한다.

24. 우리는 아직 휴가 출발 날짜를 정하지 않았다.
25. 파업 때문에 역의 모든 매표소가 문이 닫혀 있다.
26. 당신은 비행기로 여행하십니까 혹은 배로 여행하십니까?
27. 기분이 별로 좋지 않아서 침대에 그대로 누워있었습니다.
28. 비가 와서 예상보다 일찍 돌아왔습니다.
29. 나는 늦게 도착했습니다. 그래서 8시 기차를 탈 수가 없었습니다.
30. 철도 파업 때문에 파리에 갈 수 없었다.
31. 나는 내일 없을 거니까 우리 다음에 만나자.
32. 그는 공부를 하지 않았다. 그래서 그는 합격하지 못했다.
33. 그녀가 그에게 말해서 설득시켰다.
34. 그는 말도 할 수 없을 정도로 피곤했었다.
35. 그는 아무것도 하지 않았다. 그래서 그는 시험에 불합격했다.
36. 그는 너무나 어려움이 많아서 그의 회사를 팔았다.
37. 그는 매우 열심히 일하므로 결국 성공할 것입니다.
38. 그는 무척 피곤해서 잠이 들었다.
39. 그가 보기에 그 계획은 가치가 있어 보이지 않았다. 그래서 그는 그 계획을 포기했다.
40. 그는 몸이 아팠다. 그래서 그 회의에 참석할 수 없었다.
41. 기차가 없어서 우리는 비행기를 탔습니다.
42. 날씨가 너무나 좋아서 우리는 정원에서 점심을 먹었습니다.
43. 그들은 바다를 무척 좋아해서 휴가 때마다 그들의 배에서 지낸다.
44. 나는 테니스를 너무 못치기 때문에 감히 너하고 같이 칠 수가 없어.
45. 이 영화는 너무 길어서 텔레비전에서 2부로 나누어 방영했다.
46. 그는 걱정이 너무 많아서 더 이상 잠을 이루지 못하고 있습니다.
47. 나는 피에르를 보지 못한 지 오래 되었습니다. 그래서 그를 알아보지 못했습니다.
48. 의사가 그에게 몰핀 주사를 놓아야만 할 정도로 그는 고통스러워했습니다.
49. 집세가 많이 올라서 우리는 이사를 해야합니다.
50. 이 정원에는 어린이 놀이터를 만들어 놓았다. 그래서 아이들이 안전하게 놀 수 있다.
51. 비가 몇 달째 내리지 않고 있었다. 농부들의 걱정은 거기에 기인한다.

Nom : ____________________

Numéro : ____________________

EXERCICES 26

1. ____________________

2. ____________________

3. ____________________

4. ____________________

5. ____________________

6. ____________________

7. ____________________

8. ____________________

9. ____________________

10. ____________________

11. ____________________

12. ____________________

13. ____________________

14. ____________________

절 취 선

15. ______________________________

____

____

16. ______________________________

17. ______________________________

18. ______________________________

19. ______________________________

20. ______________________________

21. ______________________________

22. ______________________________

23. ______________________________

24. ______________________________

25. ______________________________

26. ______________________________

27. ______________________________

28. ______________________________

29. ______________________________

절 취 선

30. ______________________________

31. ______________________________

32. ______________________________

33. ______________________________

34. ______________________________

35. ______________________________

36. ______________________________

37. ______________________________

38. ______________________________

39. ______________________________

40. ______________________________

41. ______________________________

42. ______________________________

43. ______________________________

44. ______________________________

45. ______________________________

46. ______________________________

47. ______________________________

48. ______________________________

49. ______________________________

50. ______________________________

51. ______________________________

제 27 과 Expressions de l'idée de but

표현 7 목적을 나타내는 표현

• 이번 과에서 익히게 될 표현은 '목적(but)'을 나타내는 표현으로 이러한 표현에는 우선 '목적'의 의미를 가지는 상황보어절을 이끄는 종속접속사(혹은 상당어)로 pour que, afin que가 대표적인 예이다. 이들 종속접속사 뒤에는 접속법(subjonctif)이 사용된다.

Il fait tout ce qu'il peut *pour que* tout le monde *soit* content.
(모두가 만족하게 하려고 그는 할 수 있는 일을 모두 한다.)
Afin qu'on ne vous *oublie* pas, téléphonez à la fin de la semaine.
(당신을 잊어 버리지 않도록 주말에 전화를 하십시오.)

이 외에도 '목적'의 의미를 가지는 상황보어절을 이끄는 종속접속사(혹은 상당어)에는 de manière que, de façon que, de sorte que 등이 있으며 이들 종속접속사 뒤에도 접속법이 쓰인다.

Le dentiste a anesthésié le dent *de manière que* le patient n'*ait* pas mal.
(치과 의사는 환자가 아프지 않도록 이빨에 마취를 했다.)

그리고 "...하지 않도록"의 의미를 가지는 de peur que, de crainte que가 있다. 이들 종속접속사 다음에도 접속법을 사용한다.

J'ai téléphoné *de peur qu*'il attende.
(나는 그가 기다리지 않도록 전화를 했다.
나는 그가 기다릴까 걱정되어 전화를 했다.)

Remarque de peur que나 de crainte que 다음에 허사 ne가 올 수도 있다. 이 때 허사 ne는 그 사용이 수의적이다.
J'ai téléphoné de peur qu'il *n*'attende.

· 다른 한편으로 '목적'을 나타내기 위해 동사원형과 함께 쓰이는 전치사(혹은 상당어)가 있는데 이들 전치사로는 pour, afin de, de manière à, de façon à, dans le but de, en vue de, avec (dans) l'intention de 등이 있다.

Il faut manger *pour* vivre. (살기 위해서 먹어야 한다.)

Travaillez *de façon à* réussir. (성공할 수 있도록 공부하시오.)

Le syndicat a donné de l'ordre de reprise du travail *dans le but de* ne pas envenimer la situation.

(사태를 악화시키지 않으려는 목적으로 노조는 작업 재개를 명령했다.)

Il travaille beaucoup *en vue de* réussir à son examen.

(그는 시험에 합격하기 위해 열심히 공부한다.)

Le voleur a pénétré chez elle *avec l'intention de* voler ses bijoux.

(그 도둑은 보석을 훔치려고 그녀의 집에 침입했다.)

◆ **Remarque** pour que와 pour + inf., 혹은 afin que와 afin de + inf.처럼 종속절과 상응하는 부정법 표현이 있을 때, 주절의 주어와 종속절의 주어가 동일하면 부정법 표현을 사용해야 한다.

J'ai mis la radio plus fort pour Monique puisse entendre.

(나는 모니끄가 들을 수 있도록 라디오 소리를 더 높혔다.)

J'ai mis la radio plus fort pour écouter les informations.

(나는 뉴스를 듣기 위해 라디오 소리를 더 높혔다.)

◆ **Remarque** pour + inf.의 경우 운동동사 aller, partir, retourner, venir, passer, sortir, monter, descendre 등의 동사 뒤에는 전치사 pour를 사용하지 않고 직접 동사 원형을 쓰는 경우가 많다. (제 8 과 참조)

Il est sorti pour acheter le journal.

Il est sorti acheter le journal.

(그는 신문을 사러 나갔다.)

어휘 27 회사, 기업

기업: entreprise (f),

대기업: grande entreprise (f), grande firme (f)

중기업: entreprise de moyenne taille (f)

소기업: petite entreprise (f), entreprise de petite taille (f)

중소기업: petites et moyennes entreprises (PME) (f, pl)

회사: société (f), compagnic (f)

주식회사: société anonyme (f)

상사, 무역회사: société commerciale (f)

모기업, 모회사: société mère (f), maison mère (f)

자회사: filiale (f)

사장, 대표이사, 회장: Président Directeur Général (PDG) (m)

전무: Directeur Général (m)

부장, 과장: directeur d'un service (m)

회사원: employé (m)

간부사원: cadre (m)

간부진: direction (f)

경영자: patron (m)

주주총회: assemblé générale (f)

상호, 회사명: raison sociale (f)

본사: siège social (m)

자본금: capital (m)

인사부: service du personnel (m)

총무부: secrétariat général (m)

광고: publicité (f)

바겐세일: solde (f)

계약: contrat (m)

매상고: chiffre d'affaire (m)

부가가치세: taxe à valeur ajoutée (TVA) (f)

고용: emploi (m)

구직: demande d'emploi (f)

실업, 실직: chômage (m)

봉급 생활자: salarié (m)

직업: métier (m)

유급휴가: congé payé (m)

최저보장임금: salaire minimum inter-professionnel garanti (SMIG) (m)

노동조합: syndicat (m)

파업: grève (f)

퇴직. retraite (f)

◆연습문제

1. 고기가 후추에 덮히도록 비프스테이크를 후추에다 굴리시오.
2. 잊어버리지 않도록 요리방법을 공책에 적으시오.
3. 내가 그 요리를 완벽하게 할 수 있도록 나는 그 요리를 공부하겠다.
4. 그가 무슨 일이 일어났는지 알아차리는데는 약간의 시간이 걸려야만 했다.
5. 그는 모든 사람을 만족시키려고 애쓴다.
6. 나는 다른 관중에게 폐를 끼치지 않도록 언제나 제시간에 오기를 좋아한다.
7. 학생들이 이해할 수 있도록 나는 그것을 두번 설명했다.
8. 작가들이 생활할 수 있도록 저작권을 공정하게 정해야 한다.
9. 이 육상선수는 올림픽을 위해 연습하고 있다.
10. 그 작가는 사람들이 자기를 방해하지 않도록 일을 시작하기 전에 전화기를 내려 놓았다.
11. 독소를 제거하기 위해서는 물을 많이 마셔야 한다.
12. 의사는 두통을 없애려면 내가 매일 저녁 아스피린을 한 알 먹어야 한다고 말했다.
13. 대통령에 출마하려면 적어도 23세가 넘어야 한다.
14. 우리가 당신에게 알릴 수 있도록 당신의 주소를 남겨 놓으세요.
15. 그들은 당신을 만날 목적으로 방금 출발했습니다.
16. 이 건설회사에는 노동자가 100여 명 있다.
17. 피에르는 실직 상태이다. 그가 일하던 회사가 막 파산했기 때문이다.
18. 이 회사에는 사원이 몇 명이나 있습니까?
19. 간부사원들도 파업을 했습니까? - 아니오, 이 회사에서는 사원과 노동자들만이 일을 중지했습니다.
20. 너는 이 약국의 매상고가 얼마인지 아니?
21. 사람들이 우리를 보지 못하게 불을 끄십시오.
22. 모든 사람이 다 들을 수 있도록 나는 소리를 더 높였다.
23. 나는 다른 자동차들을 방해하지 않도록 전조등을 켰습니다.
24. 늦을까봐 나는 서둘렀습니다.

25. 그 포스터를 모든 사람이 다 볼 수 있도록 여기에 붙여라.
26. 그녀는 사람들이 자기를 알아보지 못하도록 검은 안경을 끼고 있었다.
27. 그들은 자기들이 말하는 소리를 사람들이 들을까봐 아주 낮은 목소리로 말했다.
28. 그녀는 도둑맞을까봐 그녀의 보석들을 은행에 맡겼다.
29. 우리가 호텔 방을 예약할 수 있도록 당신이 몇일 날 도착하는지를 말씀해 주십시오.
30. 여비서는 쉽게 찾을 수 있도록 서류를 정리하고 있습니다.
31. 나는 정비공이 제동장치(브레이크)를 점검하고 타이어를 교환하도록 내 자동차를 정비소에 두고왔습니다.
32. 약속을 하려고 그녀는 전화를 했습니다.
33. 늦을까봐 택시를 타야겠어.
34. 언제든지 자신의 고객들과 접촉할 수 있도록 그는 자기 차에 전화가 있다.
35. 그는 공인 회계사 자격증을 얻기 위해 야간 강의를 듣는다.
36. 다음 선거를 목적으로 많은 모임이 개최되었다.
37. 중병에 대한 연구에 진전이 있을 수 있도록 연구소들은 보조가 더 많이 이루어지기를 요구했다.
38. 길을 잃지 않도록 도로 지도를 가지고 가십시오.
39. 다음의 pour que로 된 문장을 de peur que를 사용하여 바꾸어 쓰시오.

<Modèle> Il parlait tout bas pour qu'on ne l'entende pas.

-> Il parlait tout bas de peur qu'on (ne) l'entende.

a. Ils marchaient doucement pour qu'on ne les surprenne pas.

->

b. Je brouilllais la piste pour qu'il ne nous suive pas.

->

c. Elle nous a téléphoné pour que nous n'arrivions pas trop tôt.

->

d. Il s'est caché pour que tu ne le voies pas.

->

Nom : ____________________

Numéro : ____________________

EXERCICES 27

1. ______________________________

2. ______________________________

3. ______________________________

4. ______________________________

5. ______________________________

6. ______________________________

7. ______________________________

8. ______________________________

9. ______________________________

10. ______________________________

11. ______________________________

12. ______________________________

13. ______________________________

14. ______________________________

절 취 선

15. ______________________________

16. ______________________________

17. ______________________________

18. ______________________________

19. ______________________________

20. ______________________________

21. ______________________________

22. ______________________________

23. ______________________________

24. ______________________________

25. ______________________________

26. ______________________________

27. ______________________________

28. ______________________________

29. ______________________________

30. ______________________________

31. ______________________________

32. ______

33. ______

34. ______

35. ______

36. ______

37. ______

절

38. ______

39. a. ______

취

b. ______

c. ______

선

d. ______

제 28 과 Expressions de l'idée de condition/hypothèse

표현 8 조건/가정을 나타내는 표현

• 이번 과에서는 '조건(condition)'이나 '가정(hypothèse)'을 나타내는 표현을 익히게 될 것이다. '조건/가정'을 나타내는 가장 대표적인 표현에는 '조건/가정'의 상황보어절을 이끄는 종속접속사 si가 있다.

Si tu viens, tu feras la connaissance de mes parents.
(만약 네가 온다면 나의 부모님들을 만나게 될 것이다.)

Si j'avais ma carte de crédit, je t'acheterais cette robe.
(만약 내가 신용카드를 가지고 있다면 이 옷을 너에게 사줄텐데.)

Si les enfants avaient fini leurs devoirs, ils auraient pu aller regarder la télévision.
(만약 아이들이 그들의 숙제를 끝냈었더라면 텔레비젼을 보러 갈 수 있었을 텐데.)

S'il pleut, nous ne sortirons pas demain.
(만약 비가 온다면 우리는 내일 외출하지 않을 것이다.)

◆ **Remarque** 조건/가정을 나타내기 위해 종속절에 si를 사용하는 경우 종속절과 주절의 시제는 다음과 같다.

si + 현재, 현재 : 일반적인 조건, 혹은 습관
si + 현재, 미래 : 미래 사실에 대한 가정
si + 반과거, 조건법 현재 : 현재에 실현되지 않은 사실에 대한 가정
si + 대과거, 조건법 과거 : 과거에 실현되지 않은 사실에 대한 가정

◆ **Remarque** si를 써서 일반적인 조건(condition générale)이나 습관(habitude)을 나타낼 경우 si 대신에 quand이나 lorsque를 쓸 수도 있다.

S'il fait beau, nous sortons.
(우리는 날씨가 좋으면 외출한다.)

= Quand [Lorsque] il fait beau, nous sortons.
(우리는 날씨가 좋을 때 외출한다.)

• 그외에도 si와 함께 쓰여 '조건/가정'을 나타내는 상황보어절을 이끄는 종속접속사 상당어가 있는데 sauf si, excepté si, comme si, sinon, si jamais 등이 그것이다.

Nous ferons une promenade, *sauf s*'il pleut.
(비가 오는 경우를 제외하고 우리는 산책을 할 것이다.)
Tu cries *comme si* j'étais sourd.
(너는 내가 마치 귀머거리인 것처럼 소리지른다.)
Dépêchons-nous, *sinon* le train partira sans nous.
(서두릅시다. 그렇지 않으면 기차는 우리를 태우지 않고 떠날 것입니다.)

◆ **Remarque** comme si는 si의 경우와는 달리 항상 가정을 나타내므로 comme si가 이끄는 종속절의 시제는 반과거나 대과거이며, 현재 시제가 올 수 없다.

• si 이외에 '조건/가정'을 나타내는 상황보어절을 이끄는 종속접속사(상당어)에는 à condition que, pourvu que, tant que, pour autant que, à supposer que, en supposant que, en admettant que, au cas où, dans le cas où, à moins que, pour peu que 등이 있다.

Je participerai au match *à condition que* je sois en forme.
(나는 컨디션이 좋으면 시합에 참가하겠다.)
Vous pouvez voter *pourvu que* vous ayez vingt ans.
(당신이 스물살이 되면 투표를 할 수 있다.)
Pour autant que je m'en souvienne, il a habité à Paris.
(내 기억으로는 그는 파리에 살았었다.)
A supposer que je fasse ce travail, il faudrait attendre plusieurs jours pour que je le termine.
(내가 이일을 한다고 가정하면 이일을 끝내기 위해서는 여러 날을 기다려야 할 것이다.)

Au cas où tu changerais d'avis, préviens-moi le plus tôt possible.
(네가 생각을 바꿀 경우 가능한 한 빨리 나에게 알려다오.)
Dans le cas où vous voudriez nous voir cet été, voici notre adresse.
(이번 여름 당신이 우리를 만나고 싶으시면 여기 우리 주소가 있습니다.)
Nous resterons dimanche chez nous, *à moins que* le temps ne s'améliore.
(날씨가 좋아지지 않는다면 일요일 날 우리는 집에 있을 것이다.)

· 다른 한편으로 '조건/가정'을 나타내기 위해 전치사(혹은 상당어)가 동사원형과 함께 쓰이는 경우가 있는데, 이들 전치사(혹은 상당어)에는 à, à condition de, à moins de 등이 있다.

A l'entendre, le pays serait sur le point de la guerre civile.
(그의 말에 의하면 그 나라는 곧 내전이 일어날 것 같다.)
Je n'aurai pas trop chaud *à condition de* mettre une robe légère.
(얇은 옷을 입는다면 너무 덥지는 않을 것이다.)

그리고 avec, en cas de, sans 등의 전치사(상당어)는 명사와 함께 쓰여 '조건/가정'의 의미를 표현할 수 있다.

Avec un visa, vous n'auriez pas eu tant de difficultés.
(비자가 있었더라면 당신은 그렇게 많은 어려움을 겪지 않았을텐데.)
En cas de perte de votre carte de crédit, prévez-en immédiatement votre banque.
(신용카드를 잃어버리면 당신의 은행에 즉시 알리십시오.)
Sans amélioration de temps nous ne pourrons pas aller à la montagne.
(날씨가 좋아지지 않는다면 우리는 산에 갈 수 없을 것이다.)

◆ Remarque à condition que 와 à condition de의 경우 주절과 종속절의 주어가 동일하면 à condition de를 쓰는 것이 일반적이다.

◆ Remarque à condition que, pouvu que, pour peu que, à supposer que, en supposant que, en admettant que, à moins que 다음에는 접속법(subjonctif)을 쓰고, au cas où 다음에는 조건법 현재나 조건법 과거를 쓴다.

어휘 28 동물

개: chien (m)
개구리: grenouille (f)
개미: fourmi (f)
거북이: tortue (f)
고래: baleine (f)
고양이: chat (m)
곰: ours (m)
기린: girafe (f)
나비: papillon (m)
낙타: chameau (m)
늑대: loup (m)
다람쥐: écureuil (m)
닭: coq (m) (수탉), poule (f) (암탉)
돼지: cochon (m)
말: cheval (m) (숫말), jument (f) (암말)
모기: moustique (m)
벌: abeille (f)
병아리: poussin (m)
사슴: cerf (m) (수사슴), biche (f) (암사슴)
사자: lion (m)
소: boeuf (m) (황소), vache (f) (암소)
송아지: veau (m)
악어: crocodile (m), alligator (m)
양: mouton (m)
얼룩말: zèbre (m)
여우: renard (m)
오리: canard (m)
원숭이: singe (m)
잠자리: libellule (f)
쥐: souris (f), rat (m)
캉가루: kangourou (m)
코끼리: éléphant (m)
토끼: lapin (m)
파리: mouche (f)
표범: léopard (m)
하마: hippopotame (m)
호랑이: tigre (m)

◆ 연습문제

1. 서두르면 우리는 기차를 탈 수 있을 것이다.
2. 출발 시간 몇 분 전에 도착한다면 당신은 기차를 놓치지 않을 것입니다.
3. 따뜻한 외투를 입으세요. 그렇지 않으면 당신은 감기에 걸릴 것입니다.
4. 물가에 너무 가까이 다가가서는 안됩니다. 그렇지 않으면 빠질 위험이 있습니다.
5. 마리는 역에서 물어 보아야 할 것입니다. 그렇지 않으면 그녀는 기차를 잘못 타게 될 것입니다.
6. 기차를 잘못 타지 않았다면 당신은 10시에 파리에 도착할 것입니다.
7. 지하철 노선표를 잘 연구하면 누구나 지하철을 원하는 곳으로 타고갈 수 있다.
8. 비가 올 경우 우리는 박물관을 구경하러 갈 것이다.
9. 비가 오면 다방에서 나를 기다리십시오.
10. 나는 날씨가 좋기를 희망한다. 그렇지 않으면 그 산책은 다른 날 할 것이다.
11. 병이 났을 경우 주저말고 의사를 부르시오.
12. 너희들이 어디에 가는지 알면 나는 너희들이 외출하는 것을 금하지 않겠다.
13. 마리는 마음에 드는 옷이 있으면 살 것이다.
14. 파리에 가면 너는 에펠 탑을 보게 될 것이다.
15. 그녀가 당신 마음에 들지 않으면 그녀와 함께 외출하지 마시오.
16. 만약 나 혼자라면 나는 내가 원하는 곳에 갈 수 있을텐데.
17. 만약 네가 이 과자를 모두 먹는다면 너는 오늘 저녁에 저녁식사를 못할 것이다.
18. 아무 것도 그를 방해하러 오지 않으면 그러면 그는 기분이 좋다.
19. 내가 내 친구에게 텍스트를 번역해 주지 않는다면 그는 아무 것도 이해하지 못할 것이다.
20. 서풍이 구름을 몰고 오지않는 한 하늘은 구름 한점 없이 맑은 채로 있을 것이다.
21. 열심히 공부하지 않는 한 그는 성공하지 못할 것이다.

22. 그의 도움이 없었더라면 이 일을 끝내지 못했을 것이다.
23. 피에르는 토끼들에게 줄 풀을 뜯으러 갑니다.
24. 여름방학 동안 누가 너의 고양이를 돌보아 줄거니?
25. 사자를 보기 위해서는 아프리카에 가야한다.
26. 그들은 시골로 가서 돼지를 키우며 살고 있습니다.
27. 이야기 속에서 여우는 항상 꾀가 많고 곰은 약간 우둔하다.
28. 호랑이와 사자를 구별하는 것은 쉽다. 호랑이는 검은 줄무늬가 있다.
29. 피곤하시다면 우리는 멈출 수 있습니다.
30. 쵸콜렛을 좀 덜 먹었더라면 너는 아프지 않을텐데.
31. 그녀는 마치 듣지 못한 것처럼 대답을 하지 않는다.
32. 만약 내가 조금이라도 필요하면 주저하지 말고 내게 전화하세요.
33. 돈이 충분하지 않을 경우 은행에 들르겠습니다.
34. 그가 온다고 가정해도 그는 분명히 제시간에 도착하지 않을 것이다.
35. 기차가 조금이라도 연착하면 피에르는 우리를 기다리지 않을 것입니다.
36. 네가 시험에 합격한다는 조건으로 그 여행을 하도록 허락하마.
37. 방이 편안하기만 하다면 작은 방이라도 좋습니다.
38. 당신이 차를 가지고 오지 않는 한 나는 걸어서 가겠습니다.
39. 네가 나를 도와주지 않았더라면 나는 이 일을 결코 끝내지 못 했을 거야.
40. 그가 그날 자기 집에 그냥 있었더라면 그 사고를 당하지 않았을텐데.
41. 떠들지 마, 안 그러면 아빠가 깨실거야.
42. 안개가 계속 끼어있어 비행기가 이륙하지 못하면 승객들은 호텔에서 밤을 보내야 될 겁니다.
43. 그가 아직도 열이 있는 경우가 아니라면 그는 내일 일을 다시 시작할 것입니다.
44. 회의가 길어지는 경우를 빼면 7시경에는 돌아오겠습니다.
45. 그 사람은 이기주의자야. 그는 항상 세상에서 혼자인 것처럼 행동해.
46. 사람들이 그에게 천천히 말하기만 하면 그는 쉽게 알아 듣습니다.
47. 다른 증세가 없는 한 그 환자는 일주일 후에 퇴원할 것이다.
48. 내가 5분 정도만 늦어도 우리 어머니는 걱정을 하셔.
49. 밤에 맑기만 하면 큰곰 자리를 볼 수 있습니다.
50. 내가 은행 대출을 얻는다면 이 집을 살 것이다.

51. 우리가 초대한 손님이 모두 온다고 가정하면 25명이 식사하게 될 것이다.
52. 혹시 비가 올 경우 경기는 열리지 않을 것이다.
53. 만에 하나 내가 회의에 참석할 수 없을 때는 김 선생님이 나를 대신할 것입니다.
54. 허락을 받지 않는 한 이 박물관에서는 사진을 찍을 수 없습니다.
55. 비가 내릴 경우 경기는 실내 코트에서 열릴 것입니다.
56. 친구들 없이는 삶이란 우울할 것입니다.

Non: ____________________

Numéro : ________________________

EXERCICES 28

1. ______________________________

2. ______________________________

3. ______________________________

4. ______________________________

5. ______________________________

6. ______________________________

7. ______________________________

8. ______________________________

9. ______________________________

10. ______________________________

11. ______________________________

12. ______________________________

13. ______________________________

14. ______________________________

절 취 선

15. ______________________________

16. ______________________________

17. ______________________________

18. ______________________________

19. ______________________________

20. ______________________________

21. ______________________________

22. ______________________________

23. ______________________________

24. ______________________________

25. ______________________________

26. ______________________________

27. ______________________________

28. ______________________________

29. ______________________________

30. ______________________________

31. ______________________________

32. ____

33. ____

34. ____

35. ____

36. ____

37. ____

절

38. ____

39. ____

취

40. ____

41. ____

선

42. ____

43. ____

44. ____

45. ____

46. ____

47. ____

48. ____

49. ____

50. ______

51. ______

52. ______

53. ______

54. ______

55. ______

56. ______

제 29 과 Expressions de l'idée de concession et d'opposition

표현 9 양보/대립을 나타내는 표현

· 이번 과에서 익히게 될 표현은 '대립(opposition)'이나 '양보(concession)'를 나타내는 표현으로 우선 부사(adverbes)를 사용해서 '양보/대립'의 의미를 나타낼 수 있는데 이러한 부사에는 pourtant, cependant, néanmoins, toutefois, quand même, tout de même, malgré tout, par contre, en revanche, au contraire, pour autant 등이 있다.

Il n'a pas réussi et *pourtant* il n'est pas bête.
(그는 성공하지 못했다. 그렇지만 그가 어리석어서 그런 것은 아니다.)
Le froid est intense, nous essaierons *cependant* de partir.
(추위가 지독하지만 우리는 출발해 보겠다.)
Rien ne semblait changé dans sa vie, *néanmoins* il avait repris espoir.
(그의 생활에서 변한 것이 아무 것도 없는 것 같았지만 그럼에도 불구하고 그는 다시 희망을 가졌다.)
Pierre a beaucoup de défauts, mais *malgré tout*, il est bien gentil.
(피에르는 결점이 많다. 그러나 그럼에도 불구하고 그는 아주 친절하다.)

· 그리고 '양보/대립'의 의미를 가지는 상황보어절도 있을 수 있는데 이러한 상황보어절은 bien que (+ sub), quoique (+ sub), même si (+ ind), si, tandis que, alors que 등에 의해 표현되며, 다른 한편으로 《tout/si + 형용사 혹은 과거분사 + que + ind/sub》 형태의 표현도 '양보'의 의미를 가진다.

Bien qu'il pleuve, Pierre est allé assister au match de football.
(비가 옴에도 불구하고 피에르는 축구 경기를 보러 갔다.)
Il était honnête, *quoiqu*'il était stupide.
(그는 어리석었지만 정직했다.)

Même si Pierre était riche, Marie ne l'aimerais pas.
(피에르가 부자였더라도 마리는 그를 사랑하지 않았을 것이다.)
Toutes jaunies *qu'*elles sont, les vieilles cartes postales gardent un charme certain. (비록 노랗게 바랬지만 그래도 낡은 그림엽서들은 나름대로의 매력을 지니고 있다.)

◆ **Remarque** bien que 이하가 주어 + être + 속사의 구문으로 이때 주어가 주절의 주어와 동일하면 주어와 être동사를 생략하고 속사만을 쓸 수도 있다.
Bien qu'elle soit intelligente, Madeleine n'a rien compris.
= Bien qu'intelligente, Madeleine n'a rien compris.

· 부정법을 사용하는 것으로 au lieu de + inf., loin de + inf., avoir beau + inf 등도 대립를 나타내는 표현이다.

Travaille *au lieu de* t'amuser.
(노는 대신에 일을 해라.)
*Loin d'*avoir des remords, il paraissait très content.
(그는 양심의 가책을 느끼기는 커녕 매우 만족스러워 하는 것 같았다.)
Elle *a beau* suivre un régime, elle n'arrive pas à maigre.
(그녀는 아무리 다이어트를 해도 소용이 없었다. 그녀는 도무지 마르지 않았다.)

· 또한 malgré, en dépit de, au mépris de 등은 명사와 함께 쓰여 '양보'의 의미를 표현한다.

Malgré la pluie, il s'est promené dans un parc.
(비가 옴에도 불구하고 그는 공원에서 산책을 했다.)
En dépit(= au mépris) *du* danger, ils ont décidé de visiter cette région.
(위험에도 불구하고 그들은 그 지방을 방문하기로 결정했다.)

어휘 29 상점, 공공기관

식료품점: épicerie (f)
푸주간: boucherie (f)
어물전: poissonnerie (f)
제과점, 빵집: boulangerie (f), patisserie (f)
슈퍼마켙: supermarché (m)
시장: marché (m)
약국: pharmacie (f)
서점: librairie (f)
문방구: papeterie (f)
다방: café (m)
옷가게: magasin de vêtements (m)
백화점: grand magasin (m)
식당: restaurant (m)
도청: préfecture (f)
시청: hôtel de ville (m), mairie (f)
구청: mairie (f)
은행: banque (f)
병원: hôpital (m)
우체국: poste (f), bureau de poste (m)
경찰서: commissariat (de police) (m)
박물관: musée (m)
극장: théâtre (m)
영화관: cinéma (m)
교회(주로 가톨릭교회를 지칭): église (f)
대성당: cathédrale (f)
주차장: parking (m)

◆ 연습문제

1. 나는 위험이 두렵지만 그래도 떠나겠다.
2. 마리가 나를 초대하지 않았지만 그럼에도 불구하고 나는 그녀의 집에 갈 것이다.
3. 당신은 매우 고통스럽지만 미소를 띤 채로 있습니다.
4. 우리는 전쟁을 증오하지만 우리나라를 지키기 위해서 싸워야 한다.
5. 내가 비록 지리를 공부했지만 나는 아직도 나라 이름을 많아 모른다.
6. 피에르는 비가 와도 외출할 것이다.
7. 너는 매우 피곤하지만 일을 많이 하지는 않았다.
8. 비록 매우 야위었지만 이분은 당신의 왕입니다.
9. 쟌 다르크는 매우 젊었지만 영국군을 무찌르는데 성공했다.
10. 비록 그녀의 머리가 하얗지만 아주 늙은 것은 아니다.
11. 피에르는 피곤했지만 만족스러웠다.
12. 비록 중앙 난방장치가 정상적으로 작동되고 있지만 기온이 아주 낮아서 추웠었다.
13. 부상을 당했지만 그는 용맹하게 싸웠다.
14. 그의 친구 전부가 그를 지지하지만 그는 아직도 행동하는데 주저하고 있다.
15. 그가 가장 어리지만 일을 제일 잘 하는 것은 바로 그이다.
16. 당신이 부자였더라도 나는 당신과 결혼하지 않았을 것입니다,
17. 내일 비가 오더라도 나는 산에 갈 것이다.
18. 피에르는 비가 오는데도 외출했다. 그래서 그는 감기가 들었다.
19. 운명이 가혹하다 해도 그는 젊은 날의 희망을 잃지 않고 산다.
20. 문제가 아무리 어렵다 해도 과감히 대결하는 것을 회피해서는 안된다.
21. 나는 고기를 수퍼마켙에서 절대로 사지 않는다.
22. 피에르는 우표를 사러 우체국에 갑니다.
23. 그는 미남은 아니지만 영리하다.
24. 그는 휴가를 떠나는 대신 남아서 일을 했습니다.

25. 마리는 일이 있기는 하지만 올 거야.
26. 기차가 연착했음에도 불구하고 그들은 우리를 기다렸다.
27. 우리는 나쁜 날씨에도 불구하고 출발했습니다.
28. 마리와 아자벨은 쌍둥이지만 서로 닮지 않았습니다.
29. 이 영화는 혹평을 받았지만 흥행에 성공했다.
30. 마리는 매우 어리지만 놀라울 만큼 피아노를 잘 친다.
31. 피에르는 파리에서 월요일날 돌아왔어야 했는데 일요일에야 집에 도착했다.
32. 그녀는 오기로 약속했지만 오지 않았다.
33. 내 딸은 매우 운동을 좋아하는 반면 내 아들은 항상 독서에 빠져있습니다.
34. 늦더라도 주저하지 말고 들어 오세요.
35. 이 회사는 국가의 보조를 받더라도 직원들의 일부를 해고해야만 할 것입니다.
36. 비행기는 안개에도 불구하고 공항에 착륙할 수 있었다.
37. 이 여인은 그녀가 부딪친 어려움에도 불구하고 마침내 국회의원이 되고 말았다.
38. 텔레비전 앞에서 오후를 보내는 대신 책을 읽는 게 더 낫지 않겠니.
39. 내가 그에게 진실은 말했을 때 그는 화를 내기는 커녕 오히려 웃었다.
40. 이 지방의 경제 상황은 개선되기는 커녕 오히려 악화되었다.
41. 햇볕이 아무리 많이 내려 쬐어도 소용이 없었다. 바다는 차가운 채로 남아있다.
42. 나는 할 일이 많지만 그래도 그 영화를 보러 가겠다.
43. 의학이 많은 진보를 했다. 그렇지만 치료할 수 없는 병들이 많이 있다.
44. 그 나라의 경제 상황은 어려운 채로 남아있지만 그럼에도 불구하고 전문가들은 수개월 내에 성장이 재개될 것이라고 전망한다.
45. 이 은행은 월요일날 휴점이고, 반면에 토요일날은 영업을 한다.
46. 나는 우유를 좋아하지 않는다. 반대로 야구르트는 매우 좋아한다.
47. 그는 돈이 많다. 그렇다고 해서 그가 더 행복한 것은 아니다.
48. 이제는 더 이상 시위를 하지 않는다. 그렇다고 해서 문제들이 해결된 것은 아니다.
49. 대중 교통이 빠르기는 하지만 자가 운전자들은 대중교통을 이용하지 않을 이유를 항상 찾아낼 것이다.

Nom : ____________________

Numéro : ____________________

EXERCICES 29

1. ______________________________
2. ______________________________
3. ______________________________
4. ______________________________
5. ______________________________
6. ______________________________
7. ______________________________
8. ______________________________
9. ______________________________
10. ______________________________
11. ______________________________
12. ______________________________
13. ______________________________
14. ______________________________

절 취 선

15. ____________________

16. ____________________

17. ____________________

18. ____________________

19. ____________________

20. ____________________

21. ____________________

22. ____________________

23. ____________________

24. ____________________

25. ____________________

26. ____________________

27. ____________________

28. ____________________

29. ____________________

30. ____________________

31. ____________________

32. __________

33. __________

34. __________

35. __________

36. __________

37. __________

절

38. __________

39. __________

취

40. __________

41. __________

선

42. __________

43. __________

44. __________

45. __________

46. __________

47. __________

48. __________

49. __________

부 록

〈부록 1 : 이력서(curriculum vitae)〉

KIM Su-Ho
31, Imun–dong Dongdaemun–ku Séoul
Tél. : 961–1234

Né à Daejŏn, le 5 avril 1961
Célibataire
Nationalité coréenne

Formation

1976–1979 Etudes secondaires au lycée Hankuk à Daejŏn.
1979–1983 Etudes universitaires à l'Université HANKUK à Séoul.
(Licence de langue et littérature françaises)
1983–1985 Maîtrise de langues vivantes (anglais, français) à l'Université de Saint-Denis.

Expériences professionnelles

1984–1985 Stages à la Société Générale à Paris.
1987–1988 Stages au lycée Hankuk.
Depuis 1989 Professeur de langue française au lycée Jaeil à Séoul.

Langues : Français et anglais.

Service militaire accompli (1985–1986)

〈부록 2 : 대학 등록서류 신청 편지〉

Mlle KIM Suk−Ja
23, rue de la Véga
75012, Paris

le 30 mars 1992

Monsieur le Directeur
Département des Sciences du Langage
1, rue de la Liberté
93100, Saint-Denis

Monsieur,

Etant très heureuse de pouvoir faire mes études en France, je vous sollicite de votre service pour l'équivalence de mon diplôme coréen afin de pouvoir suivre les cours de deuxième cycle (maîtrise) de Français Langue Etrangère à votre Université.

Après avoir terminé mes études secondaires de six ans, j'ai suivi les cours de licence pendant quatre ans et j'ai obtenu le diplôme de licence dans le département de la langue et la littérature françaises de l'Université Hankuk. A la même université, j'ai aussi suivi les cours en vue d'un diplôme de maîtrise de la pédagogie pendant deux ans. Depuis deux ans, je travaille au département de français de cette université comme l'assistante. Je m'intéresse surtout aux didactiques des langues.

Alors, je vous demande une admission pour m'inscrire en maîtrise de votre université, l'année scolaire '92−'93. Si vous acceptez cette demande et que je ne nous dérange pas, veuillez m'informer des dossiers nécessaires. Je joins à cette lettre, une traduction d'attestation de fin d'études secondaires, une traduction d'un certificat de diplôme universitaire, une traduction de relève de notes, une traduction d'attestation d'inscription en maîtrise, une traduction d'attestation de travail.

Je vous prie d'agréer, Monsieur, l'expression de mes sentiments distingués.

KIM Suk−Ja

〈부록 3 : 직장을 구하는 편지〉

Kim Suk-Ja
24, rue Lalo
75016 Paris

Monsieur le Directeur
36, rue de l'Orillon
75011 Paris

P. J. : un cv

Paris, le 30 mars 1992

Monsieur le Directeur,

L'annonce que vous avez fait paraître dans "Le Monde" d'aujourd'hui a retenu mon attention.

Je suis titulaire depuis trois ans d'une licence des langues vivantes. Je me trouve depuis deux mois au chômage car l'entreprise où je travaillais a transféré son bureau dans la banlieue de Paris et il m'était impossible d'effectuer de si longs déplacements journaliers.

Etant donné qu'il s'agit d'une petite entreprise, j'ai pu me familiariser avec les différentes tâches propres à un poste de secrétaire. De plus, j'ai mis à profit ces deux mois d'inactivité forcée pour suivre des cours de traitement de texte, sur IBM.

Je souhaiterais débuter à un salaire de 7.000 F mensuels nets révisables au bout de six mois.

Je me tiens à votre entière disposition pour tout complément d'information ou entretien que vous jugez utile.

Vous trouverez ci-joint mon curriculum vitae avec photo.

Dans l'attente, veuillez agréer, Monsieur le Directeur, l'expression de mes sentiments respectueux.

KIM Suk-Ja

〈부록 4 : 추천서〉

Pierre DUBOIS
Département des sciences du langage
Université Paris–Sorbonne
2, boulevard Saint–Michel
75005 Paris

le 30 mars 1992

A qui de droit,

Professeur au département des sciences du langage de l'Université Paris-Sorbonne, j'ai eu la chance de diriger la thèse de doctorat de M. KIM Su-Ho durant les années 1987–1991. M. Kim m'était chaudement recommandé par mes collègues de l'Université Paris-Nanterre, où il avait fait son D.E.A., qui l'avaient déjà remarqué pour son sérieux et son intelligence. M. Kim s'est en effet révélé un étudiant exceptionnel, ponctuel, efficace, consciencieux, cultivé, passionné par le travail de recherche. Pendant qu'il travaillait à sa thèse, M. Kim a fait plusieurs exposés devant des publics divers, et notamment au 'séminaire X', qui réunit chaque semaine tous les spécialistes du domaine: M. Kim a fait preuve à chacune de ces occasions d'une ouverture d'esprit, d'une clarté intellectuelle qui ont immédiatement frappé son auditoire. M. Kim s'est également distingué par sa remarquable maîtrise du français, résultat de la discipline sévère qu'il a su s'imposer durant les quatre années qu'il a passées en France; et par son esprit méthodique et organisé, qui lui a permis de rédiger en quatre ans sa thèse X, dont les membres de son jury de soutenance ont unanimement reconnu l'incontestable intérêt.

Il me semble évident, pour toutes ces raisons, que M. Kim a l'étoffe d'un excellent chercheur et d'un excellent enseignant, et je ne peux qu'appuyer chaudement auprès de mes collègues à l'Université X sa candidature sur un poste d'enseignant-chercheur.

Pierre Dubois
Professeur
Docteur ès Lettres

〈부록 5 : 호텔 예약(Réservation de chambres)〉

Porta S. A.
5, rue Rousseau
75015 Paris
Télex : 20024 F
Télécopie : 44 52 72 01

Hôtel des Expositions
36, av. du Rhône
69003 Lyon

Paris, le 14 mai 19..

Monsieur,

Des membres de notre entreprise vont participer au Salon International de l'Aluminium, nous vous prions de bien vouloir leur réserver :

- 2 chambres à 2 lits,
- 3 chambres à 1 lit avec salle de bains,

du 12 au 16 juin compris

une salle de réunion pour 25 personnes avec téléphone, télex et photocopieur pour les 13 et 14 juin de 9 h à 12 h.

Nous vous demandons de nous faire parvenir dans les meilleurs délais vos conditions pour ces réservations.

Veuillez agréer, Monsieur, nos salutations distinguées.

Le Directeur commercial

〈부록 6 : 집을 구하는 편지〉

M. KIM Han-Kuk
3, rue de la Véga
75012 Paris

Paris, le 15 février 19..

Agence X
20, rue du Maine
75014 Paris

Monsieur,

Je cherche un appartement à louer à Paris.

Nous sommes trois, ma femme, moi et notre fille. Notre fille, elle a trois ans. Nous avons besoin d'une salle de séjour, de deux chambres avec salle de bains et d'une cuisine équipée.

Qu'y a-t-il à louer ? Quels sont les prix ? S'il y a des conditions particulières pour louer un appartement, veuillez avoir l'obligence de me les indiquer.

Avec mes remerciements, veuillez agréer, Monsieur, l'expression de mes sentiments distingués.

KIM Han-kuk

〈부록 7 : 상업 통신문 시작하는 말 및 끝맺는 말〉

1. 시작하는 말(예시)

a. Nous accusons réception de votre commande du 20 courant.

b. Conformément à votre télex du 17 mars nous avons pu vous réserver un lot de douze caisses de Dom Pérignon.

c. Nous vous remercions de nous avoir contacté pour l'achat éventuel de machines à écrire électriques.

d. Les termes de votre lettre du 8 courant nous ont désagréablement surpris.

e. Je vous serais reconnaissant de bien vouloir m'adresser votre dernier catalogue.

f. Nous avons le regret de vous retourner, impayée, la traite ci-jointe.

g. Veuillez trouver ci-joint un chèque sur la Banque X.

h. Vous deviez, pour le 16 juin dernier, nous livrer les articles commandés à votre représentant le 25 mai dernier.

i. Nous vous expédions ce jour franco à domicile les articles faisant l'objet de votre commande du 20 courant.

j. Nous regrettons de ne pouvoir vous fournir les renseignements que vous nous demandez.

k. Veuillez avoir l'obligence de m'indiquer vos conditions de location de coffres-forts.

l. Nous avons l'honneur de vous informer du transfert de nos bureaux à partir du 1er janvier prochain.

m. En réponse à votre lettre du 15 courant, nous vous confirmons notre refus de participer à votre Foire Exposition.

n. Nous constatons, avec regret, que notre facture du 13 septembre est restée impayée.

o. Nous remercions de la confiance que vous nous avez témoignée.

2. 끝맺는 말 (예시)

a. Nous attendons donc votre accord avant de mettre votre commande à exécution.

b. Recevez, Monsieur, l'assurence de mes sentiments distingués.

c. En vous remerciant d'une réponse rapide, nous vous prions d'agréer, Monsieur, l'expression de mes sentiments distingués.

d. Je me tiens à votre entière disposition pour tout renseignement complémentaire.

e. Veuillez agréer, Madame, l'expression de mes sentiments respectueux.

f. Une confirmation rapide de votre part nous permettrait de prendre les dispositions nécessaires.

g. En espérant que vous saurez trouver une solution acceptable nous vous prions d'agréer, Monsieur, nos salutations.

h. Soyez assuré que j'observerai une totale discrétion à ce sujet.

i. Nous apporterons, comme à l'ordinaire, le plus grand soin à l'exécution de votre commande.

j. Nous vous remercions de cet ordre et vous prions de recevoir l'expression de nos sentiments dévoués.

k. Si, entre-temps, vous avez fait le nécessaire, veuillez ne pas tenir compte de cette lettre.

l. Nous espérons que vous voudrez bien nous faire parvenir cette somme dans les brefs délais.

m. Nous espérons une réponse rapide de votre part et vous en remercions.

n. Veuillez me faire savoir si vos conditions sont les mêmes que l'an dernier.

o. Dans l'attente de votre décision, croyez, Monsieur, à nos sentiments dévoués.

〈부록 8 : 국가명 및 국민〉

가봉	Gabon	Gabonais(e)
과테말라	Guatemala	Guatémaltèque
그리스	Grèce	Grec, Grecque
네덜란드	Pays-Bas	Néerlandais(e)
노르웨이	Norvège	Norvégien(enne)
뉴질랜드	Nouvelle-Zélande	Néo-Zélandais(e)
대한민국	Corée(Corée du Sud)	Coréen(enne) (Sud-Coréen(enne))
덴마크	Danemark	Danois(e)
독일	Allemagne	Allemand(e)
레바논	Liban	Libanais(e)
루마니아	Roumanie	Roumain(e)
룩셈부르그	Luxembourg	Luxembourgeois(e)
리비아	Libye	Libyen(enne)
말레이지아	Malaisie	Malais(e)
멕시코	Mexique	Mexicain(e)
모나코	Monaco	Monégasque
모로코	Maroc	Marocain(e)
몽고	Mongolie	Mongol(e)
미국	Etats-Unis	Américain(e)
버마	Birmanie	Birman(e)
베네수엘라	Venezuela	Vénezuélien(enne)
베트남	Viet(-)nam	Vietnamien(enne)
벨기에	Belgique	Belge
북한	Corée du Nord	Nord-Coréen(enne)
불가리아	Bulgarie	Bulgare
브라질	Brésil	Brésilien(enne)

사우디아라비아	Arabie Saoudite	Arabe
세네갈	Sénégal	Sénégalais(e)
소련	U.R.S.S.	Soviétique(독립국가연합 : Communauté des Etats Indépendants/CEI)
스위스	Suisse	Suisse, Suissesse
스웨덴	Suède	Suédois(e)
스페인	Espagne	Espagnol(e)
시리아	Syrie	Syrien(enne)
싱가포르	Singapour	
아르헨티나	Argentine	Argentin(e)
알바니아	Albanie	Albanais(e)
알제리	Algérie	Algérien(enne)
에이레	Irlande	Irlandais (e)
에쿠아도르	Equateur	Equatorien(enne)
에티오피아	Ethiopie	Ethiopien(enne)
영국	Grande-Bretagne (Angleterre)	Britanique (Anglais(e))
오스트리아	Autriche	Autrichien(enne)
요르단	Jordanie	Jordanien(enne)
우루과이	Uruguay	Uruguayen(enne)
유고	Yougoslavie	Yougoslave
이라크	Iraq(혹은 Irak)	Iraquien(enne) 〔Irakien(enne)〕
이란	Iran	Iranien(enne)
이스라엘	Israël	Israëlien(enne)
이집트	Egypte	Egyptien (enne)
이탈리아	Italie	Italien(enne)
인도	Inde	Indien(enne)
인도네시아	Indonésie	Indonésien(enne)
일본	Japon	Japonais(e)
중국	Chine	Chinois(e)
체코	Tchécoslovaquie	Tchécoslovaque (Tchèque)
칠레	Chili	Chilien(enne)

캄보디아	Cambodge	Cambodgien(enne)
캐나다	Canada	Canadien(enne)
콜롬비아	Colombie	Colombien(enne)
쿠바	Cuba	Cubain(e)
태국	Thaīlande	Thaīlandais(e)
터키	Turquie	Turc, Turque
튀니지	Tunisie	Tunisien(enne)
파나마	Panama	Panamćen(enne)
파라과이	Paraguay	Paraguayen(enne)
파키스탄	Pakistan	Pakistanais(e)
페루	Pérou	Pćruvien(enne)
폴란드	Pologne	Polonais(e)
포르투갈	Portugal	Portugais(e)
프랑스	France	Français(e)
핀란드	Finlande	Finlandais(e)
필리핀	Philippines	Philippin(e)
하와이	Hawaii	Hawaiien(enne)
헝가리	Hongrie	Hongrois(e)
호주	Australie	Australien(enne)
홍콩	Hong-Kong	

대학불어작문

1판 1쇄 발행 • 1992년 7월 10일
1판 8쇄 발행 • 2020년 2월 10일

저　　자 • 김영호 · 전경준
발 행 인 • 정 현 걸
발　　행 • 신 아 사
인　　쇄 • 대명프린팅
출판등록 • 1956년 1월 5일(제9-52호)
주　　소 • 서울특별시 은평구 통일로 59길 4 (2F)
전　　화 • (02)382-6411 • 팩스(02)382-6401
홈페이지 • www.shinasa.co.kr
E-mail • shinasa@daum.net

ISBN 89-86964-41-4

정가 13,000원